Rolf-Bernhard Essig · *Der Rausch der Meere*

# Abenteuerlich. Ungewöhnlich spannend.

Stefan Dietrich
**Maos Atem – Rossinis Tränen**
und 999 andere unwichtige Tatsachen und Ereignisse der Welt- und
Kulturgeschichte. ISBN 3-0350-2008-6

Theodor Lerner
**Polarfahrer**
Im Banne der Arktis. Die wahren Memoiren des »Nebelfürsten«
Hrsg. von Frank Berger. ISBN 3-0350-2014-0

Bill O'Neal
**Gunfighter**
Alle Revolvermänner des Wilden Westens. Eine Enzyklopädie
7., verbesserte und neugestaltete Auflage. ISBN 3-0350-2013-2

Michael Schulte
**Krumm gelaufen!**
Genies, Dilettanten, Versager – die schönsten mißlungenen Verbrechen
ISBN 3-0350-2004-3
**Wo immer ich bin, ist nirgendwo**
Hobos und Tramps in Amerika. ISBN 3-0350-2012-4

Ernst Schwenk
**Maßmenschen**
Von Ampère und Becquerel bis Watt und Weber. Wer den internationalen
Maßeinheiten den Namen gab. 2., vom Autor vollständig überarbeitete und
wesentlich erweiterte Fassung. ISBN 3-0350-2005-1

Anne Seagraves
**Töchter des Westens**
Flintenweiber, Cowgirls, Farmersfrauen – die starken Frauen
des Wilden Westens. ISBN 3-0350-2010-8

Joe Simpson
**Sturz ins Leere.** Touching the Void. 6. Auflage. ISBN 3-0350-2011-6

Owe Wikström
**Vom Unsinn, mit der Harley durch den Louvre zu kurven**
Lob der Langsamkeit. ISBN 3-0350-2003-5

**Oesch Verlag/kontra.punkt**
Kein Programm wie jedes andere
In Ihrer Buchhandlung, Versand- und Internetbuchhandlung
**www.kontrapunkt-buch.ch**
**www.oeschverlag.ch**

Rolf-Bernhard Essig

# *Der Rausch der Meere*

*Über die See, den Alkohol und noch mehr*

oesch verlag
kontra●punkt

Copyright © 2005 by oesch verlag/kontra●punkt, Zürich
Satz: Oesch Verlag
Druck und Bindung: Ebner & Spiegel, Ulm
Printed in Germany

ISBN 3-0350-2002-7


Gern senden wir Ihnen unser Verlagsverzeichnis:
oesch verlag/kontra●punkt, Jungholzstraße 28, 8050 Zürich
E-Mail: info@oeschverlag.ch
Telefax 0041/44 305 70 66 (CH: 044/305 70 66)

Unser Programm finden Sie im Internet unter:
**www.oeschverlag.ch**
**www.joppverlag.ch**

# *Inhalt*

*Meertiefen Dank an Christina Förner*
*für die Idee zu diesem Buch,*
*das sie lieber lesen als schreiben wollte,*
*und eine Libation für Narwal*

# Trunken vom Passat

## Der Meerrausch mit und ohne Alkohol

DER PAZIFIK HÄTTE BEINAHE, kurz bevor dieses Buch fertig war, das letzte Wort in meinem Leben behalten. Eine Welle schlug mir die Beine weg, als ich an kalifornischer Küste nur ein wenig plantschen wollte. Die starke Strömung überwältigte mich. Meine Frau mußte mit ansehen, wie ich davontrieb, wollte sich in die See werfen, die sie aber mit hartem Wellenschlag am Strand hielt. Ein Surfer sah mein verzweifeltes Winken und kam herangeschwommen, mir zu helfen, doch er alleine hätte es nicht vermocht. Einen zweiten konnte meine Frau alarmieren, der mit dem anderen mich an den Strand rettete. Ethan und Ira, ihnen gebührt der Anfang, ihnen gebührt der Dank!

Von den Meeren wußte ich vorher schon, daß sie mächtig, schön, berauschend, gefährlich sind: Mein Vater fuhr vor dem Zweiten Weltkrieg auf dem Schulschiff »Deutschland« zweimal um die Welt, später noch auf Minensuchern in der Ostsee; seine Erlebnisse, seine Bilder, seine Seefreude steckten mich als Kind an. Schrecklich lernte ich das Meer kennen, als mein Bruder an der dänischen Nordseeküste ertrank, wo wir bis dahin jeden Sommer einen Monat Urlaub verbracht hatten. Oft und viel See sah ich danach selbst, das Mittelmeer, den Atlantik, den Pazifik.

Die schrecklichen Minuten dort, als mein Leben vorüber zu sein schien, erschütterten mich und vertieften dennoch Liebe, Respekt und Demut dem mächtigen Element gegenüber. Sechs Wochen später rasten nach dem Seebeben hochhaushohe Tsunamis auf Südasiens Küsten zu, und Ozean und Meer waren plötzlich da, wo vorher Land gewesen war. Millionen von Menschen wurden obdachlos, bis zu dreihunderttausend ertränkt, zerrissen, zerschmettert. Eine Katastrophe, mehr als zehnmal unheilvoller als die gewaltige Explosion des Krakatau.

Was ich zwei Jahre über die See, den Alkohol und den Rausch geschrieben habe, verstehe ich nun besser und anders. Dem Meer ist
der Mensch gleichgültig. Es bleibt eine einseitige, aber eine unauflösliche Bindung.

Viel besser verstehe ich auch den Psalm, den viele Seeleute kennen:

> *Die mit Schiffen auf dem Meere fuhren*
> *und trieben ihren Handel auf großen Wassern,*
> *die des* HERRN *Werke erfahren haben*
> *und seine Wunder auf dem Meer,*
> *wenn er sprach und einen Sturmwind erregte,*
> *der die Wellen erhob,*
> *und sie gen Himmel fuhren und in den Abgrund sanken,*
> *daß ihre Seele vor Angst verzagte,*
> *daß sie taumelten und wankten wie ein Trunkener*
> *und wußten keinen Rat mehr,*
> DIE DANN ZUM HERRN SCHRIEN IN IHRER NOT,
> UND ER FÜHRTE SIE AUS IHREN ÄNGSTEN
> *und stillte das Ungewitter,*
> *daß die Wellen sich legten*
> *und sie froh wurden, daß es still geworden war*
> *und er sie zum erwünschten Lande brachte:*
> DIE SOLLEN DEM HERRN DANKEN FÜR SEINE GÜTE
> UND FÜR SEINE WUNDER,
> DIE ER AN DEN MENSCHENKINDERN TUT,
> *und ihn in der Gemeine preisen*
> *und bei den Alten rühmen.*
> Psalm 107, 23-32

Generationen von Seefahrern haben das Psalmwort zu Zeiten gebetet, wenn die Elemente mit ihnen nach Belieben umsprangen, so daß
sie auf ihre Tatkraft keine Hoffnung mehr setzen konnten. Generationen aber scherzten, der Psalm beweise, wie lange die Seefahrt und
das Trinken zusammengehörten, schließlich taumelte und schwank-
te man damals schon »wie ein Trunkener«.

Tatsächlich gibt es allerlei, was das Meer und den Alkohol verbindet, viel mehr als nur die störende Wirkung auf den geraden Gang von Menschen. Von den Mythen um den Weingott Dionysos bis in die Jetztzeit finden sich Verknüpfungen, kuriose und zwangsläufige. Wer nun allerdings fürchtet, *Der Rausch der Meere* sei wieder so ein Buch über den »drunken sailor«, ein Machwerk, das sich über die saufenden Seeleute lustig machen wolle, ohne etwas vom Leben an Bord zu wissen, den kann ich beruhigen, denn die Ursache für diesen Mythos zu erklären und ihn zu entkräften, ist eines der Ziele des Buches. Um berauscht zu sein, genügt schließlich das Meer allein, ganz ohne Aquavit, Genever, Köhm, Korn, Wodka, Rum.

Die grenzenlose, stets bewegte Weite riß Rhapsoden wie Homer hin, antike Autoren wie Apollonios von Rhodos, Mönche des Mittelalters wie den heiligen Brandan, neuzeitliche Reisende wie Georg Forster. Und selbst moderne Wissenschaftler verlieren über ihren Forschungen nicht ihre Begeisterung für den Teil unserer Erde, der uns immer noch weniger be-

*Klaus Sembach:*
*Der Rausch der Meere.*
*Acryl auf Leinwand, 2005*

kannt ist als der Mond. Ob wir ihm deshalb Schiffe versenkende Riesenkraken und andere Ungeheuer zutrauen? Noch immer vergeht kein Jahr ohne Seeschlangen-Warnung oder Monster-Meldung in der Sensationspresse, als setzten sich die Jahrhunderte des Wunderglaubens nach einer kurzen Zwischenphase empirischer Forschung und rationaler Überprüfung einfach fort.

Den gesunden Menschenverstand kann die See schnell betäuben. Ihr genügt, ist sie humorvoll aufgelegt, ein unvorhersehbares Wellenschlagen, und schon opfern die meisten Passagiere links und rechts der Reling den Fischen, zu keinem klaren Gedanken mehr fähig.

Den Kampf mit dem Meer aufzunehmen, das sogar gewaltige, mit allen Sicherheitseinrichtungen versehene Containerschiffe demoliert und auf Grund schickt, löst selbst so etwas wie einen Rausch aus: den der Tollkühnheit. Peter Sloterdijk spricht indirekt davon, wenn er meint: »Motorradfahrer sind wiedergekehrte Seeleute, die den Sturm nicht vergessen können und die Ekstase des offenen Meers nicht entbehren wollen.«

Dann wieder zeigt sich die See nur von ihrer Sonnenseite und schmeichelt den Seemännern wie eine Geliebte. Unauslöschlich prägen sich dem Leser der tödlichen Geschichte vom *Seewolf* die überraschenden Glücksmomente auf dem Meer ein. Als die »Ghost«, Wolf Larsens Robbenschoner, in die Passatzone gelangt, setzt eine faszinierende Wandlung auf dem Schiff ein. Prächtig treibt der mächtige Luftstrom den Schoner mit zehn bis zwölf Knoten durch die See, und alle an Bord stehen plötzlich unter einem Bann. Der Kampf jeder gegen jeden schweigt für eine kleine Zeit, bezaubert sind die Männer von der warmen Tropenluft, berauscht von der Fahrt ohne Heißen und Reffen, betört, verliebt und geradezu trunken von der Vollkommenheit, mit der die »Ghost« durchs Wasser gleitet. Selbst der auf diesem Schiff so oft mißhandelte Johnson vergißt seine Qualen und spürt tiefes Glück über das Vorwärtsstürmen des Schoners:

*Leidenschaft und Bewunderung leuchten aus seinen Augen, und in einer Art Verzückung starrt Johnson auf die schwellenden Segel, das schäumende Kielwasser und das Heben und Senken über die nassen Berge, die majestätisch unserer Bahn folgen.*

Für ein paar Augenblicke packt sogar den grausamen Wolf Larsen der Rausch, und er singt, in diesem »Triumph des Lebens«, sich und dem Schiff ein Lied. Später wird er sich selbst verspotten und vom »billigen Champagner des Lebens« sprechen, doch den Glücksmoment beschädigt das nicht.

Natürlich ist das Literatur. Doch Jack London zeichnete in diesem Gefühlsüberschwang des *Seewolf* die eigene Begeisterung. Mehr als einmal durchfuhr er auf verschiedenen Schiffen die Ozeane. Besonders pries er die Südsee: ein Rausch der Farben von Flora und Fauna und Land und Meer. Tahiti und Hawaii waren schon vor ihm zum Mythos geworden, Jack London huldigte ihm. Und er huldigte »König Alkohol«, dem er in dem gleichnamigen Roman den Kampf ansagte. Der Held dieses stark autobiographischen Buches über Versuchung und Fluch des Alkohols ist ein Seemann, dessen Trinkerkarriere schon als Kind und an Land beginnt. Als junger Mann hat er es nicht nur zum eigenen Boot, sondern auch zum gewaltigen Säufer gebracht:

*Dreierlei ermöglichte es mir, in dieser wilden Trinkerei fortzufahren: erstens eine glänzende Konstitution, zweitens das gesunde, starke Freiluftleben auf dem Meere und drittens die Tatsache, daß ich nicht regelmäßig trank. Auf See hatten wir nie etwas Trinkbares.*

Wie sah es aber sonst an Bord aus, was für eine Rolle spielte der Alkohol in der Geschichte der Seefahrt?

Die geneigten Leserinnen und Leser muß ich an dieser Stelle darauf hinweisen, daß mein Buch keine kulturgeschichtliche Abhandlung ist, wenn es auch Mythos, Literatur und Forschung verbindet, sich auf Interviews, auf Fachbücher und auf Erfahrungen stützt. Ich nähere mich dem Thema »Meer und Rausch«, »See und Alkohol« sehr subjektiv an, freue mich am Unbekannten und Überraschenden, verzichte aber nicht unbedingt auf das Berühmte, weil es in diesem Zusammenhang doch neu erscheinen könnte. Der Rausch begegnet in mancherlei Gestalt: als Faszination, als Betrunkenheit, als Verrücktheit und als göttliche Sendung, als Fluch manchmal, manchmal als Segen. Die Leiden des Durstes, die Wahngebilde hervorrufen, und die destruktive Macht des Alkohols auf Tahiti oder Hawaii kommen deshalb ebenso vor wie wilde Äquatortaufen und rumtrunkene Piratenparadiese, griechische Mythen und moderne Transportmethoden ebenso wie aktuelle Alkoholgrenzwerte und Cocktailrezepte, Alkoholtanker ebenso wie Ausstattungsorgien auf Luxuslinern. Und damit, wie Homer nicht müde wird zu singen und zu sagen: hinaus aufs weinfarbene Meer.

# Zum Einstieg die Martini-Regel

**BEVOR SIE, LIEBE LESER,** eintauchen in den *Rausch der Meere*, will ich Sie kurz mit einigen Sicherheitshinweisen vertraut machen. Vielleicht kennen Sie Luc Bessons Film *Der Rausch der Tiefe*, in dem zwei Freunde als Rivalen im Tieftauchen ohne Hilfsmittel, dem Apnoe-Tauchen, aufeinandertreffen. Der eine der beiden zeigt sich dabei so fasziniert von der Welt unter Wasser, daß er in Tiefen vorstößt, aus denen er nicht wiederkehren kann. Wie in einer Halluzination holt ihn weit unten im Meer ein Delphin ab und verschwindet mit ihm in schwarzblauer Unendlichkeit.

Das poetische Filmbild verdankt sich realen Phänomenen, die jeder Taucher kennen sollte, denn so wundervoll »Rausch der Tiefe« klingt, so tödlich kann sich der Tiefenrausch auswirken, und es geht dabei nicht ums Champagner-Trinken unter Wasser, das Besson in einer lustigen Filmszene zeigt.

Mit dem Eintauchen in die See lebt man in einer komplett neuen Welt. Alles ändert sich, nicht nur die Schwerkraft, die Temperatur, der Klang, die Sicht, sondern auch der Druck auf den Körper. Eigentlich spürt man davon zuerst nur wenig: Das Trommelfell stülpt sich nach innen, ein bißchen Druck baut sich vielleicht in den Nebenhöhlen auf. Langsam beginnt aber, je weiter man hinuntersinkt, in den Zellen ein merkwürdiger Prozeß. Den Tiefenrausch und seine Auswirkungen bemerkt man selbst oft nicht, Begleiter dagegen schon. Da feixt ein Taucher plötzlich, möchte sich ausschütten vor Lachen über die albernen Fische rings umher, strebt tiefer, obwohl er eigentlich schon tief genug ist, bekommt plötzlich Angst, vielleicht sogar Panik, kann sich nicht mehr richtig bewegen, reagiert langsam, verliert die Orientierung, das Bewußtsein und im schlimmsten Fall das Leben.

Vielfältig und höchst individuell sind die Symptome des Tiefenrauschs, die genauen Prozesse dabei immer noch nicht ganz geklärt. Es scheint so zu sein, daß es durch den erhöhten Druck zu einer Einlagerung von Molekülen der Atemgase – vor allem von Stickstoff, aber auch von Helium, Neon, Wasserstoff – in die Zellen kommt, wodurch das zentrale Nervensystem beeinträchtigt wird; alle kognitiven Prozesse werden dabei – wie gesagt individuell sehr unterschiedlich – verlangsamt. Ohne Zweifel hängt die Intensität des Tiefenrausches mit der Tauchtiefe zusammen, nicht jedoch mit der Zeit, die man dort verbringt, und zum Glück vergehen die Symptome beim Auftauchen rasch.

Da die betäubende Wirkung der Gaseinlagerungen in den Zellen der stärkste Effekt ist und Alkohol ein gängiger Vergleichsstoff, der ebenfalls bei jedem sehr individuell wirkt, hat sich, um Taucher die jeweiligen Gefahren klarzumachen, die Martini-Regel eingebürgert. Natürlich redet man nur von einem Näherungswert, doch gilt, daß etwa 15 Meter Tauchtiefe der Wirkung von einem Glas Martini – trocken, gerührt und mit Olive – entsprechen. Bei 10–30 Metern kann es also leichte Euphorie geben und eine gewisse Verlangsamung kognitiver Prozesse, bei 30–50 Metern, also nach gut drei Martini, tritt oft Lach-, Rede- und Risikolust auf, verbunden mit fixen Ideen, Wahrnehmungsstörungen und Planungsbeeinträchtigungen, bei 90 Metern kann in der Regel von klaren Gedanken, Wahrnehmungen, Urteilsvermögen, sogar Gedächtnis und angemessenen Reaktionen praktisch nicht mehr die Rede sein, Halluzinationen und Bewußtlosigkeit drohen spätestens ab jetzt. Wer sowieso beim Tauchen eine gewisse Angst verspürt, wer sich gar Mut antrinkt, Aufputschmittel und Drogen nimmt, wer müde ins Wasser springt oder Medikamente schluckt, die auf das zentrale Nervensystem wirken, erhöht die Risiken für den Tiefenrausch erheblich.

Ob Sie sich nun zu Land oder zu Wasser in den Rausch der Meere vertiefen – ich wünsche Ihnen Rausch ohne Reue und eine angenehme Lektüre!

# Delphine und Wein

*Eine Meerfahrt mit Dionysos und trinkfesten Seegespenstern*

PIRATEN SIND GEIL, und Aussicht auf Gewinn nimmt ihnen den restlichen gesunden Menschenverstand. Das glaubte man schon in der Antike:

Etruskische Seeräuber landen eines Abends auf Chios, Homers Geburtsinsel knapp vor der kleinasiatischen Küste, um zu ruhen und frisches Trinkwasser zu holen. Am Morgen schickt der Steuermann Akoites ein paar von ihnen los, um Wasser zu holen. Sie kehren allerdings nicht nur mit den gefüllten Amphoren wieder, sie schleppen auch einen unglaublich schönen, doch recht beduselt scheinenden Jüngling herbei. Ihn wollen sie entführen, als Lustknaben genießen und am besten erst gegen hohes Lösegeld wieder freigeben. Akoites riecht den Braten, besser den Bacchus, denn niemand anderes läßt sich da gutmütig auf ein Spiel mit den Seeräubern ein. Also befiehlt der Steuermann, den Jüngling sofort freizulassen, der sei definitiv nicht menschlich. Streit bricht los, denn die Seeräuber wollen – blind vor Gier – weder auf die Beute noch auf ihr Vergnügen verzichten. Da mischt sich Bacchus (oder Dionysos, wie ihn die Griechen nennen) in die Auseinandersetzung und bittet von sich aus um eine Schiffspassage nach Naxos, wo er daheim sei, guter Lohn werde sie dort empfangen. Zum Schein gehen die Piraten auf ihn ein, doch als Akoites auf See tatsächlich Kurs Naxos steuert, regt sich der Zwist erneut. Ein anderer übernimmt gewaltsam das Steuer, und jetzt erst mimt Bacchus den Erstaunten, bittet um Barmherzigkeit der rauhen Männer mit ihm, dem schwachen Knaben. Seeräuberlachen erntet er, sonst nichts, weiter rudern sie heftig in ihre eigene Richtung. Da beginnt das Spiel des Gottes ernster zu werden. Das Schiff bewegt sich nicht mehr von der Stelle, obwohl die Männer rudern wie wild. Efeu wächst plötzlich auf den Riemen und rankt eilig

am Mast und am Segel empor, Weinreben und Trauben wuchern dazu, und Bacchus ist nicht mehr allein im Schiff: Tiger und Luchse
und Panther scharen sich um ihn und bedrohen die Mannschaft. In
Panik läßt die das Rudern sein. Manche weichen zurück, andere versuchen zu kämpfen. Was auch immer sie möchten, die Gewalt des
großen Gottes hält sie zurück. Wie Schlangen winden sich auf einmal die Piraten, verfärben sich dunkel, die Haut verdickt sich, die
Kleidung fällt ab, die Arme verschwinden, Hände werden zu Flossen, im Veitstanz springen sie alle von Bord und stürzen verwandelt ins Meer. Zwanzig Delphine, so viele wie gottlose Seeräuber,
schwimmen nun rings um das Schiff. Begeistert und fröhlich spielen
sie und springen, prusten und singen. Nur den hellsichtigen Akoites
verschont Bacchus. Der steuert das Schiff nach Naxos und nimmt
fortan Teil an den bacchantischen Mysterien.

Das ist ein Mythos unter vielen, die sich um Bacchus bzw. Dionysos im wahrsten Sinne des Wortes ranken. Die Geschichte gehörte zu
den beliebtesten Götterlegenden und diente oft als Motiv der Literatur und der bildenden Kunst.

Über 2500 Jahre ist die Trinkschale alt, die der Töpfer und Maler
Exekias in Athen herstellte, und noch immer leuchtet das Rot,
schimmert das Schwarz und fasziniert die Komposition. Könnte der
Rausch der Meere in seiner Ruhe und Bewegtheit besser versinnbild-
licht werden? Delphinumspielt ist das Schiff, delphinförmig nicht
nur der Achtersteven, nein, das ganze Fahrzeug ahmt die eleganten
Tiere nach, und sogar sein Bug, sein Rumpf sind mit Delphinen be-
malt. Aus den Piraten sind treue Begleiter geworden. Das Schiff trägt
Dionysos, den Gott des Weins und des Wahns, im Schatten eines ge-
blähten weißen Segels und der Weinranken mit schweren Trauben,
die wunderbarerweise aus ihm oder aus dem Schiff selbst weit höher als der Mast aufwachsen. Wie beim Festmahl liegt der Gott im
Schiff, die Linke leicht aufgestützt, den efeubekränzten Kopf in
Fahrtrichtung.

Dionysos gehört zu den geheimnisvollsten und vielleicht ältesten
Göttern Griechenlands. Deshalb gibt es auch keine einfache Geschichte seiner Herkunft, Bedeutung und Taten, sondern eine Fülle
von Überlieferungen. Alle stimmen darin überein, daß er ein Gott
der Ambivalenz sei, der Fröhlichkeit und Zerstörung bringen kann,

Exekias: Trinkschale, Ton. 540/535 v. Chr. Aus einer Athener Werkstatt.
Durchmesser 30,5 cm

heilsamen, tröstlichen Rausch und grausamen, mörderischen Wahnsinn. Als Bacchus stellt ihn die Neuzeit oft feist und sinnenfroh dar, doch auf Bildern der Antike sieht man ihn auch siegreich inmitten der Titanenschlacht. Die Frauen, die ihn begleiten, tun Wunderdinge, lassen Wein- und Wasserquellen aus der Erde springen oder nehmen in den Wäldern wilde Tierkinder an ihre Brüste, um sie zu säugen, doch die Bacchantinnen können plötzlich die gerade noch Gekosten in Stücke reißen und eine Raserei entwickeln, der sich fast niemand entgegenzustellen wagt.

Dionysos ist ein Gott überwältigender Erscheinung, seine Anwesenheit löst alle vorherige Ordnung, Sitte, Bindung in Nichts auf. Frauen verlassen ihre Häuser und streifen durch die Wälder, manche zerreißen ihre eigenen Kinder. Dionysos erleidet aber am eigenen Leib, was er an Leiden bringt: Der Jäger wird selbst gejagt, der Zerreißer wird von Titanen überfallen und zerrissen. Dennoch kehrt er wunderbarerweise wieder. Ungeheurer Lärm von Flöten, ehernen Becken und Rufen begleitet sein Kommen, und auf einmal schlägt alles in tödliche Stille um. Als machtvolles Kind wird Dionysos gepriesen oder als bärtiger Kämpfer, dann sieht man ihn gemalt als Jüngling von fast weibischer Schönheit, und doch ist ein mächtiger Phallus sein Symbol. Obwohl Frauen sein wichtigstes Gefolge sind, verführt er viel seltener als Zeus. Auf der Weininsel Naxos allerdings zwingt Dionysos den Theseus, so überliefert es eine Version des Mythos, seine geliebte Ariadne, die Retterin aus dem Labyrinth, zurückzulassen, damit sie seine göttliche Braut werde.

Dionysos macht Ariadne selbst zu einer Göttin, die immer wieder in seinem Gefolge auftaucht. Mit ihr zusammen soll er einen Sohn, Oinopion (wörtlich: Weintrinker), gezeugt haben, der die Weinkultur unter den Menschen verbreitete.

Ebenso unvermittelt, wie Dionysos erscheint, verschwindet er, und seine ihn gerade noch ekstatisch feiernden Verehrer läßt er in namenloser Verwirrung zurück. Ein Gott der Wälder und der Nymphen, suchte er doch im Moment der Gefahr Schutz bei der Meergöttin Thetis. Auch seine Tanten wurden Seegottheiten: Ino, eine Zeitlang seine Amme, hieß als Göttliche unter den Wellen Leukothea, die »Walterin glücklicher Seefahrt«, und auch Agaue und Autonoe zählten zum Zirkel der Nereiden. Es gibt noch mehr Verbindungen zum Meer, denn manche Mythen berichten, Dionysos sei, weil er einem Verhältnis des Zeus mit der Sterblichen Semele entsprang, von der eifersüchtigen Hera verfolgt und durch die Welt getrieben worden. Von Kleinasien sei er dann mit dem Schiff, das die Weinrebe trug und von Delphinen umspielt wurde, nach Griechenland gekommen, um dort seinen Kult und die Kultur des Weines zu verbreiten.

Viele Mythen berichten davon, daß Dionysos diejenigen, die sich gegen ihn oder die neuen Riten und Mysterien gewehrt, grausam bestraft, diejenigen aber, die ihn freudig aufgenommen hätten, reich belohnt habe. Seine Ankunft vom Meer her bezeugen die Anthesterien, die Frühlingsfeiern in Athen, bei denen Dionysos in einem Schiffskarren in feierlicher Prozession in die Stadt gefahren wird.

Dionysos, der Wein, das Meer, der Rausch gehören so aufs engste zusammen. Sie alle bedeuten Segen und Fluch für die Menschen, Trost und Tod, Erkenntnis und Vergessen, unnahbare Macht und liebendes Gegenüber. Sie sind ungreifbar, nie festzulegen, bleiben schillernd, ambivalent, voller Überraschungen und Tiefe. Wie die Meergottheiten Proteus, Thetis, Nereus besitzt ja Dionysos die Gabe des Formwandels. Sein daher rührender Beiname »polymorphos«, also der Vielgestaltige, paßt genauso zum Meer, zum Wein, zum Rausch. Die öligglatte See, fischreich und schön, verwandelt sich im Nu in ein brodelndes Ungeheuer, das Zerstörung bis ins Land hinein trägt. Dionysos, eben noch der sanfte, tanzfreudige Gott, schlägt die Menschen plötzlich mit tödlicher Raserei. Gerade noch erheiternd und tröstend wirkte der Wein, doch auf einmal erhebt sich dumpfe Gewalt aus dem Alkoholdunst. Der Rausch löst in einem Augenblick alle Fesseln des Daseins und führt zu ekstatischer Euphorie, im nächsten vernichtet er das Individuum, das sich in formlosen Wahnsinn auflöst. Unbeherrschbare, faszinierende Urgewalten erlebten die Griechen hier am Werk, in denen Sterben und Geburt auf mysteriöse Weise zusammenfielen in einem Taumel des Werdens und Vergehens.

Da er mit den Lebenselementen der Griechen, dem Meer und dem Wein, so eng verbunden war, verwundert es nicht, daß Dionysos in hellenistischer Zeit zum wichtigsten Gott aufstieg. Der Wein war mit dem Olivenöl *der* Treibstoff und *das* Exportprodukt der griechischen Antike und das Meer ideal, sie zu transportieren. Damit der Wein und die Seeleute ihr Ziel glücklich erreichten, brachte man den Meergottheiten vor der Abfahrt Opfer dar, zu denen natürlich Trankopfer gehörten, um sie gnädig zu stimmen.

Dies tun in der Argonautensage, wie sie Apollonius von Rhodos überliefert, auch Jason und seine heldenhaften Begleiter, zu denen Herakles wie Orpheus gehören, bevor sie mit der »Argo« in See stechen, um das Goldene Vlies zu rauben. Sie töten zwei Rinder und verbrennen die Opfergabe, dazu gießen sie unvermischten Wein aus für Apollo. In einer Art von Geschäft bietet Jason dem Gott an, bei ihrer glücklichen Rückkehr so viele Rinder zu opfern, wie Argonauten wiederkehren werden. Einem verheißungsvollen Prophetenspruch schließt sich dann ein offenbar typisches kleines Gelage vor der Abfahrt an, denn ein Teil der Opfer wird ja rituell verzehrt:

*Vor ihnen aber lagen ungezählte Speisen und süßer Rauschtrunk, während die Weinschenken mit Schöpfkannen ausschenkten. Und danach erzählten sie abwechselnd einander, wie sich häufig junge Männer heiter beim Mahl und beim Wein unterhalten, wenn unersättlich-schädlicher Übermut fern.*

Hera selbst wird der »Argo« glückliche Fahrt durch die gefährlichen Ungeheuer Skylla und Charybdis verschaffen, indem sie Thetis und ihren Schwestern, den Nereiden, befiehlt, das Schiff durch die Strudel zu bugsieren. Den Auftrag erhält die dorthin zitierte Thetis auf dem Olymp.

Gewöhnlich wohnen sie und die anderen Meergottheiten in ihren Palästen unter Wasser, wo sie zuweilen auch mit Freigiebigkeit Besucher begrüßen. Dionysos und Hephaistos sind ihre berühmtesten Gäste, denen selbstverständlich Speis und Trank angeboten wurde. Aber wie kann man unter Wasser eigentlich trinken?

Die Griechen interessierte das Problem nicht sehr, dachten sie sich doch die Unterwasserwelt der Götter als eine der Oberwelt ähnliche. Das tatsächliche Reich der tiefen See blieb ihnen bis auf die Küstengewässer, wo sie nach Schwämmen tauchten oder Purpurschnecken fingen, verborgen. Die Sage von Alexander dem Großen, der sich in einer Art Tauchglocke die Unterwelt des Ozeans angesehen haben sollte, bewies nur, wie unmöglich das für jeden gewöhnlichen Sterblichen sei.

Die in der Tiefe wohnten, konnten – wie in diesem Fall – gnädig sein, sie konnten aber auch grollen und Frevler bestrafen. Der listenreiche Odysseus muß es erfahren, denn lange und unbarmherzig verfolgt ihn der »Erderschütterer« Poseidon, der mächtigste Meergott und Bruder des Zeus, weil der Held aus Ithaka in einer der spannendsten Episoden der *Odyssee* starken Wein als Waffe einsetzt, um den riesigen Zyklopen Polyphem zu überwinden.

Odysseus gilt vor allem als listiger und tatkräftiger Heros, aber genau betrachtet ist er auch ein Pirat und Küstenbrenner, wie er selbst den Phäaken stolz berichtet. Als er und das griechische Heer Troja erobert, zerstört und entvölkert haben, kehren sie mit ihren Schiffen in Etappen heim. Als erstes überfällt Odysseus – nur mit dem Ziel, seine Beute noch zu vergrößern und Proviant aufzustokken – die Kikonier von Ismaros. Weiber rauben die Griechen und Schätze, doch schont Odysseus den alten Apollo-Priester Maron, wofür der ihm seinen ganz besonderen Wein schenkt. Nach einer weiteren Zwischenstation bei den drogensüchtig-glücklichen Lotophagen gelangen seine Schiffe an das Gestade, wo die Zyklopen wohnen. Odysseus will erfahren, wie gastfreundlich diese Einäugigen sind, füllt daher vom Schiffsvorrat einen Schlauch mit dem Wunderwein des Maron ab und macht sich auf zur Höhle des Polyphem:

*Eilend befahl ich jetzo den übrigen lieben Gefährten,*
*An dem Gestade zu bleiben, und unser Schiff zu bewahren;*
*Und ging selber mit zwölf der Tapfersten, die ich mir auskor;*
*Einen ziegenledernen Schlauch auf der Achsel, voll schwarzes*
*Süßes Weines, den mir einst Maron, der Sohn Euanthes,*
*Schenkte, der Priester Apollons, der über Ismaros waltet.*
*Diesen verschoneten wir, und seine Kinder und Gattin,*
*Ehrfurchtsvoll; denn er wohnete dort in Phöbos Apollons*
*Heiligem Schattenhain. Drum schenkt' er mir köstliche Gaben:*
*Schenkte mir sieben Talente des schöngebildeten Goldes;*
*Schenkte mir einen Kelch von lauterem Silber; und endlich*
*Schöpft' er mir dieses Weines in zwölf gehenkelte Krüge:*
*Süß und unverfälscht, ein Göttergetränk! Auch wußte*
*Keiner der Knecht' im Hause darum, und keine der Mägde;*
*Nur er selbst, und sein Weib, und die einzige Schaffnerin*
*    wußten's.*
*Gab er ihn preis, dann füllt' er des süßen funkelnden Weines*
*Einen Becher, und goß ihn in zwanzig Becher voll Wasser.*
*Und den schäumenden Kelch umhauchten balsamische Düfte,*

*Göttlicher Kraft: da war es gewiß nicht Freude zu dursten!*
*Hiermit füllt' ich den großen Schlauch, den Ranzen mit Speise;*
*Denn mir ahnte schon im Heldengeiste, wir würden*
*Einen Mann besuchen, mit großer Stärke gerüstet,*
*Grausam und ungerecht, und durch keine Gesetze gebändigt.*

Tatsächlich wird der Zyklop Polyphem die Regeln der Gastfreundschaft übel befolgen. Er hält Odysseus und seine Begleiter in seiner Höhle fest, erschlägt und verzehrt die Gefährten einen nach dem andern.

Um zu entkommen, bietet Odysseus Polyphem vom unvermischten Wunderwein des Maron an und begleitet das Angebot mit bitteren, lockenden Worten: »Nimm, Kyklop, und trink eins; auf Menschenfleisch ist der Wein gut!« Dreimal trinkt Polyphem von dem süßen, ungeheuer starken Wein, bis er trunken rittlings fällt, wobei er Wein und Menschenfleischstücke erbricht. Odysseus stößt dem besinnungslosen Riesen einen angespitzten Olivenstamm ins Auge und entkommt dem Tobenden durch eine List mit allen Überlebenden. Der geblendete Zyklop aber ruft den Fluch seines Vaters auf

*Rekonstruktion der Polyphemgruppe aus der Tiberiushöhle von Sperlonga,*
*1. Jh. n. Chr. Neben dem Riesen steht noch sein Trinkgefäß, der Mann rechts mit*
*dem erhobenen Arm trägt den Weinschlauch, Odysseus steht vorne am Pfahl.*
*Die monumentale Gruppe war 6 m lang und bis 3,50 m hoch.*

Odysseus herab, und sein Vater ist niemand anders als Poseidon. Viel hat der Listenreiche noch zu leiden, bis er diesen göttlichen Gegner besänftigt.

Offensichtlich fanden Motive der Polyphem-Poseidon-Odysseus-Geschichte so viele Jahrhunderte Gefallen, daß sie viel später in die Sindbad-Erzählungen aus *Tausendundeiner Nacht* aufgenommen und neu arrangiert wurden. Sindbad, mit dem späteren Beinamen »der Seefahrer«, ist ein reicher Erbe, der sich, kurz bevor er sein ganzes Geld verpraßt hat, auf Handelsfahrt begibt, wobei ihn die See besonders reizt:

> *So erhob ich mich denn mit festem Entschluß, kaufte mir Waren,*
> *Güter und Handelsartikel und mancherlei für die Reise notwen-*
> *dige Dinge und schiffte mich, da ich nach einer Seereise Verlangen*
> *trug, mit einer Gesellschaft Kaufleute nach der Stadt Basra ein.*

Jede seiner abenteuerlichen Reisen endet unglaublicherweise glücklich, doch immer wieder treibt ihn die Lust auf das Ungewöhnliche und die See erneut hinaus. Seine Seefahrten voller Wunder und Ungeheuer, zu denen auch ein menschenfressender Zyklop gehört, erinnern genauso an Odysseus wie der Drang, die Grenzen des Bekannten zu erforschen. Und wie der Listenreiche in der *Odyssee* muß auch Sindbad leiden, weil seine Gefährten nicht auf seine Warnung hören. Auf der fünften Reise zerstören sie nämlich die Eier des riesigen Vogel Roch, woraufhin sich die Eltern rächen, indem sie – wie der wütende Polyphem – Steine auf das Schiff fallen lassen. Der männliche Roch trifft knapp daneben, Frau Roch den Achtersteven, und das Schiff geht unter. Sindbad rettet sich auf die nahegelegene Insel, wo er einen sehr alten Mann trifft, der ihn mit kläglichen Gesten bittet, ihn an die andere Seite eines Wasserlaufs zu bringen. Als der Mitleidige das tut und ihn auf die Schultern nimmt, klammert sich der Alte mit eisernem, unüberwindlichem Schenkelschluß an ihn, mißbraucht ihn als Reittier, malträtiert ihn mit Fußtritten und verrichtet sogar seine Notdurft auf ihm. Nach langem Martyrium findet Sindbad – wenn auch ohne Absicht – dieselbe Lösung wie Odysseus: Er stellt in einem hohlen Kürbis einen einfachen vergorenen Wein her, der ihm die Leiden zu ertragen, ja zu vergessen hilft.

Neugierig will der Alte schließlich auch von diesem Sorgenbrecher etwas versuchen. Der ungewohnte Wein berauscht ihn rasch, so daß Sindbad ihn endlich abwerfen und mit einem Felsbrocken den Schädel zertrümmern kann. Als er von einem Schiff gerettet wird, erfährt er, wer der schreckliche Alte war:

> *Der Mann, der auf deinen Schultern ritt, heißt der Scheich des Meeres, und du bist der einzige, der unter seine Schenkel kam und sich von ihm losmachte; gelobt sei Gott für deine Rettung!*

Natürlich gibt es außer grausamen Meerdämonen wie dem Scheich des Meeres auch huldvolle, die sich manchmal sogar in Sterbliche verlieben. Solche Verbindungen gelingen aber fast nie: zu unterschiedlich ist die Wasser- und die Erdwelt. Das galt schon für Thetis und Peleus, weshalb die Meergöttin ihren Gatten verließ und ins Naß zurückkehrte; immerhin wird ihnen der strahlende Held Achill geboren. Das gilt noch für Hans Christian Andersens *Kleine Seejungfrau*, die, wie die Nixen überhaupt, Nachgeborene griechisch-antiker Meergeschöpfe ist. Man nimmt an, daß die Seejungfrauen von den Sirenen abstammten, die auch Mischwesen waren, halb schöne Frau, halb Vogel. Sie lebten auf einer Insel nahe der Straße von Messina und sangen so schön, daß vorüberfahrende Seeleute berauscht davon waren. In ihrer unermeßlichen Ohrenlust vergaßen sie sich selbst, ihre Familien, die Gefahr und wollten nur bei den Sirenen sein. Manche meinen, die Seeleute sprangen von Bord, schwammen auf die Insel und gingen dort in begeisterter Selbstvergessenheit zugrunde, andere behaupten, ihre Schiffe seien, weil die Seefahrer nur dem Gesang Aufmerksamkeit schenkten, an Riffen gescheitert. Daß die Insel weiß von den Knochen der Umgekommenen gewesen sei, überliefern alle Versionen des Mythos. Wieder einmal war es Odysseus, der die Sirenen überlistete, indem er seinen Leuten befahl, ihn an den Mast zu binden, sich selbst aber die Ohren mit Wachs zu verstopfen, so daß er ungefährdet zuhören konnte. Die gekränkten Sirenen, heißt es, hätten sich aus Enttäuschung ins Meer gestürzt und so die Meermischwesen begründet.

Auch Andersens kleine Seejungfrau, halb Fisch, halb Frau, hat eine betörende Stimme, auch sie stürzt sich am Ende verzweifelt ins

Meer, nachdem sie eine Zeitlang als Mensch gelebt hat, doch menschliche Liebe nicht erringen kann. Sie zählt zu den guten Geistern des Wassers, sehnt sich schon als Nixe nach einer unsterblichen Seele und rettet einen Prinzen vor dem Ertrinken. Um ihm nahe zu sein und seine Liebe zu gewinnen, wagt sie, zur Meerhexe zu gehen. Wie die antiken Mythen kümmert sich auch das Andersensche Märchen nicht um das Problem von Flüssigkeiten im Meer: die Hexe braut – im Wasser und unter seltsamer Dampfentwicklung – einen Zaubertrank, der den Fischschwanz der Seejungfrau in Beine verwandelt.

Für seine Bereitung nimmt sie neben anderen Zutaten eigenes Blut aus ihrer Hexenbrust. Bezahlen muß die Seejungfrau mit ihrer Stimme, die Hexe schneidet ihr die Zunge ab. Nun kann sie den Prinzen nicht mehr mit ihren Liedern berauschen, ihm nicht erklären, daß sie ihn gerettet hat. Er heiratet eine andere, und die kleine Seejungfrau springt, ihre Auflösung in Meerschaum erwartend, in die See. Der Dichter belohnt ihre Liebe gleichwohl, denn sie verwandelt sich in einen Luftgeist und strebt so geduldig ihrer Erlösung entgegen.

Geduld muß ein Getriebener aufbringen, der auf See in maßloser Selbstüberhebung einen Fluch auf sich lud: der fliegende Holländer. Das Kap der Guten Hoffnung wollte er einst gegen alle widrige Winde bezwingen, wobei er, wie manche sagen, einen Pakt mit dem Teufel einging, andere sagen, gegen Gott lästerte. In beiden Fällen trifft ihn der Fluch, auf ewig über die Meere zu segeln. Richard Wagner läßt ihm eine Chance zur Erlösung, denn alle sieben Jahre

*Reklame-Sammelbild der Chemischen Fabrik von Heyden, um 1930*

darf er an Land und nach wahrer Liebe suchen. Warum seine Mannschaft ebenfalls verflucht wurde, weiß übrigens niemand. Wie so oft kümmern sich Märchen und Mythen wenig um Diener und Domestiken. Bei Wagner dürfen sie nicht einmal, als sie nach sieben Jahren wieder einmal im Hafen liegen, Wein annehmen, den Mädchen ihnen bringen wollen. Diese Mädchen nähern sich dem Schiff von Sentas Vater Daland und dem »Fliegenden Holländer«, denn Schiff und Kapitän heißen beide so. Sie wollen den Fremden zu essen und zu trinken geben, doch an Bord des Geisterschiffes rührt sich nichts. Höhnisch reagieren da die Seeleute, mit steigender Furchtsamkeit die Mädchen.

> Steuermann: *Fürwahr! Tragt's hin den armen Knaben!*
> *Vor Durst sie scheinen matt zu sein.«*
> …
> Steuermann und Matrosen:
> *Haha!* (Spöttisch, mit affektierter Traurigkeit.)
> *Wahrhaftig! Sie sind tot:*
> *sie haben Speis' und Trank nicht not.*
> …
> Mädchen: *He, Seeleute! Wollt ihr nicht frischen Wein?*
> *Ihr müsset wahrlich doch durstig auch sein!*
> Matrosen: *Sie trinken nicht, sie singen nicht*
> *in ihrem Schiffe brennt kein Licht.*
> …
> Mädchen (sich mit ihren Körben furchtsam
> vom holländischen Schiffe entfernend):
> *Sie wollen nicht! Uns graust es hier!*
> *Sie wollen nichts – was rufen wir?*
> Matrosen: *Ihr Mädel, laßt die Toten ruhn!*
> *Laßt's uns Lebend'gen gütlich tun!*
> Mädchen (den Matrosen ihre Körbe über Bord reichend):
> *So nehmt! Der Nachbar hat's verschmäht.*

Arme Geisterbesatzung, die nicht einmal einen Begrüßungsschluck nehmen darf. Da haben es die Zombiepiraten im Film *Der Fluch der Karibik* aus dem Jahr 2003 wesentlich besser, denn sie dürfen trinken und essen, haben allerdings nichts davon, solange ein Fluch auf ihnen liegt. Sie sehen wie Menschen aus und offenbaren ihre Halbskelettnatur erst, wenn Mondlicht auf sie fällt. Als anscheinend normale Piraten nehmen sie die Gouverneurstochter gefangen, die der Kapitän in seiner Kajüte bewirtet. Als sie zu entkommen versucht und aufs mondbeschienene Deck tritt, sieht sie nur höhnisch schreiende Zombiegestalten in den Wanten, am Steuerrad, an den Tauen und Tampen. Der Kapitän folgt ihr geruhsam und tut grinsend einen Schritt ins Mondlicht, so daß auch er sich in einen halbverfaulten Leichnam verwandelt. Aus einer Karaffe schüttet er Wein in sich hinein, der in seinen Mund läuft, dann aber dekorativ aus seinem offenen Brustkorb zwischen Rippen und Fleischfetzen hindurch aufs Deck spritzt.

Lange schon fahren solche Untote ruhelos durch Mythen und Legenden. Frevel an den Göttern, an Gott oder Gottesdienern lädt einen Fluch auf sie. Gesetzlose oder Seeräuber sind es und oft noch dem Alkohol ergeben. So wie der Kapitän in Wilhelm Hauffs *Gespensterschiff*, der jeden Abend wieder bestialisch ermordet wird, indem man ihm einen Nagel durch die Stirn treibt. Als es zwei Schiffbrüchigen, die sich auf das Grauensfahrzeug gerettet haben, gelingt, den Fluch zu brechen, offenbart der endlich erlöste Kapitän die Ursache für den grausamen Fluch:

*Vor fünfzig Jahren war ich ein mächtiger, angesehener Mann und wohnte in Algier; die Sucht nach Gewinn trieb mich, ein Schiff auszurüsten und Seeraub zu treiben. Ich hatte dieses Geschäft schon einige Zeit fortgeführt, da nahm ich einmal auf Zante einen Derwisch an Bord, der umsonst reisen wollte. Ich und meine Gesellen waren rohe Leute und achteten nicht auf die Heiligkeit des Mannes; vielmehr trieb ich mein Gespött mit ihm. Als er aber einst in heiligem Eifer mir meinen sündigen Lebenswandel verwiesen hatte, übermannte mich nachts in meiner Kajüte, als ich mit meinem Steuermann viel getrunken hatte, der Zorn. Wütend über das, was mir ein Derwisch gesagt hatte und was ich mir von keinem Sultan hätte sagen lassen, stürzte ich aufs Verdeck und stieß ihm meinen Dolch in die Brust. Sterbend verwünschte er mich und meine Mannschaft, nicht zu sterben und nicht leben zu*

*können, bis wir unser Haupt auf die Erde legen. Der Derwisch
starb, und wir warfen ihn in die See und verlachten seine Dro-
hungen. Aber noch in derselben Nacht erfüllten sich seine Worte.
Ein Teil meiner Mannschaft empörte sich gegen mich. Mit fürch-
terlicher Wut wurde gestritten, bis meine Anhänger unterlagen
und ich an den Mast genagelt wurde. Aber auch die Empörer unterlagen ihren Wunden, und bald war mein Schiff nur ein großes
Grab. Auch mir brachen die Augen, mein Atem hielt an, und ich
meinte zu sterben. Aber es war nur eine Erstarrung, die mich ge-
fesselt hielt; in der nächsten Nacht zur nämlichen Stunde, da wir
den Derwisch in die See geworfen, erwachte ich und alle meine
Genossen; das Leben war zurückgekehrt, aber wir konnten nichts
tun und sprechen, als was wir in jener Nacht gesprochen und getan hatten. So segeln wir seit fünfzig Jahren, können nicht leben
und nicht sterben, denn wie konnten wir das Land erreichen? Mit
toller Freude segelten wir allemal mit vollen Segeln in den Sturm,
weil wir hofften, endlich an einer Klippe zu zerschellen und das
müde Haupt auf dem Grund des Meeres zur Ruhe zu legen. Es ist
uns nicht gelungen.*

Die Worte »Derwisch« und »Sultan« weisen unmißverständlich auf
die orientalische Sphäre des Märchens hin. Um so schlimmer, daß
der Kapitän gegen die Bestimmung des Koran verstößt und ohne
Not sein Leben als Händler verläßt, um Seeräuber zu werden. So einer ehrt natürlich keinen Gottesdiener, so einen macht Kritik rasend,
so einer trinkt maßlos und bringt auf diese Weise Unglück über sich
und die Mannschaft.

Es gibt Geisterschiffe aber nicht nur im Märchen, sondern auch
in der Realität, und auch da kann Alkohol im Spiel sein: Im Jahr
1872 findet man ein Schiff ohne Besatzung im Atlantik treibend. An
Bord der »Mary Celeste« gibt es keinerlei Spuren von Gewalt, von
Krankheit, von Meuterei, keine von der Mannschaft. Die wahr-
scheinlichste These ist bis heute die, daß es eine so gewaltige Verpuf-
fung der Alkoholladung gab, daß alles in Panik in die Boote stürzte
und das Schiff aufgab. Doch nicht die »Mary Celeste«, die der Wind
rasch davontrieb, sank, sondern alle Rettungsboote.

# The Drunken Sailor

## Wie ein Mythos entsteht und was am Äquator passiert

DER SEEBÄR GLEICHT IN DER AUFFASSUNG der Landratte in etwa dem Bernhardiner, denn wie dieser ist jener ohne Alkohol undenkbar. Seit Jahrhunderten feiern und verteufeln denn auch Lieder, Bücher und Filme die Wellenbezwinger als trinkfeste und alkoholfrohe Leute, die zu einem Gläschen nie nein sagen. Nicht umsonst wurde das Shanty »What shall we do with a drunken sailor« zum

*Eines der bekanntesten Shanties überhaupt, dazu ein recht altehrwürdiges mit vielen Varianten, besingt ausführlich die unterschiedlichen Methoden, einen betrunkenen Seemann zu ernüchtern*

berühmtesten Song der Seefahrt, den selbst meerferne Gebirgler schmettern können. Was ist das aber für ein Seemann, der da schwerbetrunken und unaufweckbar schnarcht? Ist er wirklich der Repräsentant einer ganzen Zunft? Ist er nur eine gern geneckte Ausnahme?

Jack London, der als erfahrener Fahrensmann wußte, wovon er sprach, urteilte in seinem autobiographisch gefärbten Roman *König Alkohol:* »Seeleute übertreiben das Trinken immer.« Fast das ganze Buch illustriert diesen Satz. Es beschreibt, wie der allgegenwärtige Alkohol ein Leben von Kindesbeinen an gefährdet, wie die Männergesellschaft, vor allem die der Seeleute, das Trinken förmlich erzwingt, weil man sonst nicht dazugehört, wie der Suff in peinliche, tragische und komische Situationen führt.

So unterzeichnet der Held von *König Alkohol* einen Vertrag für die Fahrt auf einem Dreimastschoner nach Japan, was wieder ein Anlaß zum Trinken ist. Dann aber scheint es eine Wendung zu geben:

*Auf der »Sophie Sutherland« gab es nichts zu trinken, und wir hatten eine herrliche einundfünfzigtägige Fahrt auf der südlichen Route nach den Bonin-Inseln.*

Bevor das Schiff im Hafen der Inseln anlegt, beschließen der Ich-Erzähler und zwei Kumpane, das exotische Eiland zu erkunden, doch im Hafenviertel lockt eine Bar und etwas Flüssiges:

*Es war ein sonderbarer, starker Alkohol, den wir tranken. Keiner wußte, wie und wo er fabriziert war – vermutlich war es irgendein Gebräu der Eingeborenen. Aber es war heiß wie Feuer, klar wie Wasser und wirkte schnell wie ein Schlagfluß. Es befand sich in vierkantigen Flaschen, in denen früher holländischer Genever gewesen war und die noch die Aufschrift »Ankerbrand« trugen. Und es ist nicht zu bestreiten, daß er uns verankerte. Wir kamen nie aus der Stadt heraus.*

In Japan geht es nicht anders: »Wir lagen zwei Wochen im Hafen von Yokohama, und alles, was wir von Japan zu sehen bekamen, waren die Hafenkneipen.« Als sie endlich in die USA zurückkehren, sind alle an Bord voll guter Vorsätze, man schwört einander, den Gefahren des Hafens diesmal standhaft zu begegnen, man überlegt, wie die Heuer vernünftig verwendet werden könnte, man schwärmt von glücklichem Landleben. Doch der Abschied der neunzehn Kameraden verlangt – nach den vielen überstandenen Gefahren und Strapazen – ein letztes Glas, und so schmeißt einer nach dem anderen eine Runde, bis keiner mehr einen klaren Gedanken fassen kann und alles Geld versoffen ist.

So kennt man an Land den Seemann, so entspricht es dem Klischee vom nie nüchternen Matrosen, das Joachim Ringelnatz mit seinem Kuddeldaddeldu auf die Spitze trieb. Doch tranken die Städtebewohner, die Landleute, die Arbeiter auch, und das Alkoholproblem beschränkte sich nie allein oder vordringlich auf die See. Wieso blieb gleichwohl der Ruf des Trinkers am Seemann kleben, als sei er damit kalfatert worden?

Vielleicht liegt es an dem Paradox, das alle Seefahrer eint – sie bewegen sich auf ungeheuren Wasserweiten, und doch mangelt es ihnen an Wasser: »Water, water everywhere, nor any drop to drink«, stöhnt man in Samuel Taylor Coleridges berühmtem Werk *The ancient mariner*. Auf dem Meer sind nicht weniger verdurstet als an Land, wie man im Kapitel »Durst ist kein Privileg der Wüste« lesen kann. Immer mußte ein ausreichender Vorrat Trinkwasser an Bord sein, Süßwasser, wie man ja nur im Unterschied zu den salzigen Fluten sagte.

Erst nach den vielen Jahrhunderten, in denen fast ausschließlich Küstenschiffahrt üblich war, wurde das Problem allerdings virulent. Wenn man Wochen, gar Monate fuhr, ohne die Vorräte ergänzen zu können, sank die Wasserration leicht auf unter einen Liter pro Mann und Tag; dabei sind eineinhalb Liter eigentlich das Mindestmaß. Doch wieviel Wasser man auch immer mitführte, rasch wurde in den Holzfässern aus dem frischen Trunk ein schaler Trank und schließlich eine eklige Brühe. Keiner der mutigen Meerbezwinger, die sich für längere Zeit aus den Küstenbereichen entfernten, kam an dieser widerlichen Erkenntnis vorbei. Johann Gottfried Seume beschreibt noch 1781 das Phänomen in aller Deutlichkeit:

*Das schwergeschwefelte Wasser lag in tiefer Verderbniß. Wenn ein Faß heraufgeschroten und aufgeschlagen wurde, roch es auf dem Verdeck wie Styx, Phlegton und Kocytus zusammen: große fingerlange Fasern machten es fast konsistent; ohne es durch ein Tuch zu seigen war es nicht wohl trinkbar: und dann mußte man immer noch die Nase zuhalten, und dann schlug man sich doch noch, um nur die Jauche zu bekommen. An Filtrieren war für die Menge nicht zu denken. Guten ehrlichen Landmenschen kommt dieses ohne Zweifel schrecklich vor: aber wer Feldzüge und See-fahrten mitgemacht hat, findet darin nichts Ungewöhnliches. Rum wurde gegeben und zuweilen etwas Bier, welches dem Porter ähnlich war und bei den Matrosen strong beer hieß. Da ich den ersten nicht genießen konnte, tauschte ich ihn gegen das letzte aus, welches mir eine Wohltat war. Zuweilen wurde mir auch aus der Kajüte eine Flasche Porter zugesteckt, da ich am Wein durch-aus keinen Geschmack fand.*

Nun war der Ekel vor solcher »Jauche« etwas, das rechter Durst zu überwinden half, zumal man beobachtet hatte, daß nach dem Faulen das Wasser wieder besser zu werden schien und nicht schädlich. Bakterien und Algen, weiß man heute, können tatsächlich durch ih-ren Stoffwechsel Schadstoffe aufnehmen und verbrauchen, sterben dann nach einer Zeit starker Vermehrung ab und sinken ab auf den Grund der Fässer. Gleichwohl blieb das Trinkwasser oft eine Nähr-flüssigkeit für Keime aller Art, so daß immer wieder Bordepidemien ausbrachen, vor allem Durchfallerkrankungen und verschiedene Fieber. Außerdem benötigte man Wasser ja auch noch für andere Zwecke, wie James Cook schon Ende des 18. Jahrhunderts betonte:

*[Er] wußte aus Erfahrung, daß auf langen Reisen eine reichliche Verteilung von Wasser ungemein viel zur Erhaltung der Gesund-heit beiträgt. Die Ursache läßt sich leicht erklären: Wenn es reich-lich getrunken und auch zum Waschen des Körpers und des leine-nen Zeuges gebraucht wird, so verdünnt es nicht nur das Blut, sondern durch die Reinlichkeit bleiben auch die Schweißporen der Haut stets offen. Auf diese Weise wird die zur Gesundheit nö-tige Ausdünstung nicht unterbrochen.*

Cook ließ in tiefsüdlichen Breiten, um genügend Wasser zu bekommen, Stücke von Eisbergen abschlagen und auftauen, James Lind dagegen versuchte, das Seewasser zu filtern, Stephan Hales, es zu destillieren. Doch Eisberge waren eine gefährliche Sache und nicht überall zu haben, die anderen Verfahren, mit denen man seit Jahrhunderten herumexperimentiert hatte, dauerten lange bzw. brachten in Menge, Qualität und Geschmack nicht immer befriedigende Ergebnisse. Zum Trinken war also Ersatz nötig, der weniger schnell verdarb.

In südlicheren Regionen diente schon zu Dionysos' Zeiten der Wein an Bord als ein haltbarer Trank und gewohnte Kost. Da er nicht mehr als an Land konsumiert und in der Regel nicht pur, sondern mit Wasser verdünnt getrunken wurde, kennen weder die homerischen Epen noch die Autoren der römischen Antike das Stereotyp vom saufseligen Matrosen. Der Weingeschmack litt durch das Vermischen mit abgestandenem Wasser zwar, doch das Wasser wurde leidlich genießbar. Im Mittelalter, in der Neuzeit, ja bis heute hielt sich bei allen Levantevölkern der Wein als Bordvorrat, schrieb man ihm doch über das reine Durstlöschen und Geisterfreuen hinaus allerlei Heilkräfte zu. Als immer weitere Fahrten gewagt wurden und die tödlichste aller Seekrankheiten auftrat, vermutete man sogar, der Wein reinige und entgifte nicht nur das Wasser, sondern helfe auch gegen Skorbut. Bei Italienern und Franzosen setzte sich im Zeitalter der Entdeckungen, weil man dem Wein auch einen gewissen Nährwert zuschrieb, das Anrecht der Matrosen auf einen halben bis einen Liter Wein pro Tag durch: Als die Armada 1588 gen England segelte, sollen sich neben 57 000 l Wasser 82 000 l Wein auf den Kriegsschiffen befunden haben.

In nördlicheren Breiten behalf man sich dagegen mit Bier, das durch die Gärung und den Alkoholgehalt wesentlich länger hält als reines Wasser. Auf Danziger Schiffen war nach den Seerechten von 1522 und 1611 geregelt, daß, werde Wein ausgeschenkt, es eine Mahlzeit gebe, bei Bier oder Wasser aber zwei. Eigene Getränke mitzunehmen war für die Matrosen an Bord verboten. Die »Speiserolle« – darin wurde festgelegt, wieviel feste und flüssige Verpflegung jedem Mann an Bord zustand – der Royal Navy von 1691 legte die Ration Bier auf täglich eine Gallone, also 4,5 l, fest; in der Regel war

es Dünnbier mit wahrscheinlich 1–1,5 % Alkohol. Ein eher ge-
genteiliges Verfahren, nämlich Bierkonzentration, wendete man im
Jahre 1772 an, als James Cook aufbrach. Sein Schiff, die »Resolution«, war 462 t groß und hatte 112 Mann Besatzung, das Begleit-
schiff, die »Adventure«, 336 t und 81 Mann, wobei die mitreisenden
Forscher, unter denen sich Johann Reinhold und Georg Forster befanden, nicht mitgezählt wurden. Georg Forster verdanken wir zahlreiche Daten und Fakten dieser langen Entdeckungsfahrt. So schrieb
er über den Proviant, der u. a. aus 60 Faß »von unserem deutschen
Sauerkraut« bestand, dessen Wirkung gegen Skorbut man inzwischen erkannt hatte. Es hielt sich drei Jahre lang frisch und in guter
Qualität. Dazu kamen 5000 Pfund eingekochte Fleischbrühe in Tafeln bzw. Kuchen sowie

*einunddreißig Fässer mit eingekochter Würze (Maische) oder*
*Bier, das bis zu einer sirupähnlichen Konsistenz eingekocht war*
*… um durch Zusatz von Wasser ein gesundes Getränk zu erhal-*
*ten.*

Diese Technik, Bier länger haltbar zu machen, war aber offensichtlich nicht ausgereift:

*Zu den Mitteln gegen den Skorbut … gehörte auch eine verdickte*
*Essenz von Bier. Davon führten wir verschiedene Fässer an Bord,*
*doch ehe wir Madeira verließen, waren sie bereits in Gärung ge-*
*raten, und jetzt sprengte sie gar die Fässer und lief aus. Der Kapi-*
*tän ließ sie aus dem unteren heißen Lager auf das kühlere Ver-*
*deck bringen, allein die freie Luft verstärkte die Gärung derart,*
*daß sie manchem Fasse den Boden ausstieß, dies aber mit einem*
*Knall, als wenn eine Flinte abgeschossen würde.*

Einerseits wurde Bier deshalb in den ersten Wochen einer Reise, bevor es verderben konnte, in relativ großen Quantitäten ausgeschenkt
und dann, ging die Fahrt nach Süden, durch Wein oder Port ersetzt,
andererseits suchte man nach Möglichkeiten, das Bier haltbarer und
gesundheitsfördernd zu machen, indem man es mit allerlei Zusät-
zen wie Fichtennadeln (»Spruce Beer«), Honig, Wacholder, Pilzen,

Baumrinde oder sogar Meerrettich versetzte. Auf manchen Schiffen wurde sogar aus mitgeführten Getreidevorräten ein einfaches Bier gebraut oder aus »Getreidesteinen«, in Tafeln gepreßte Bierwürze, Bierhefe und Wasser hergestellt.

*Die Ausrüstung des jungen William Dlockhead für den Beginn einer Seekarriere auf der »Hellfire«. Der Vater studiert die ellenlangen Rechnungen, die Mutter weint, der Knabe stößt mit dem Seitengewehr nach seiner Schwester. Zwar ist die Menge der Ausstattung und die Größe der Seekiste übertrieben, die Zusammenstellung selbst mit Grünem Tee, haltbarem Fleisch, Wundverband, eingemachtem Gemüse, medizinischem Handbuch und zwei Flaschen Cherry Brandy nicht.*

Daß Seeleute durch diese dauernde Versorgung mit Alkohol an ihn gewöhnt wurden, muß man bezweifeln, denn auch an Land gehörten nennenswerte Mengen Wein und Bier über Jahrhunderte zum Alltag der Menschen, ohne sie krank zu machen. Sir Gilbert Bane, englischer Flottenarzt, begründete die Vorliebe des Seemanns zum Alkohol auf andere Weise:

*Matrosen haben einen unwiderstehlichen Hang zu berauschenden Getränken, welches sich aus den großen Mühseligkeiten ihrer*

*Lebensart und den vielen Abwechslungen und Unordnungen des Seelebens leicht erklären läßt. Man hat auch wirkliche Ursache zu glauben, daß alle Arten gegorener Getränke (abgezogenes Wasser [Hochprozentiges] ausgenommen) zur Gesundheit der Seeleute etwas beitragen.*

Weit bis ins 20. Jahrhunderte konnte jedenfalls der Grundsatz gelten, wer zur See fuhr, trank auf jeden Fall Alkohol. Zum Problem wurde diese Tatsache allerdings nicht wegen des Biers oder Weins, von denen niemand zu sagen wußte, sie hätten Seeleute um den Verstand gebracht, zur Meuterei oder in den Selbstmord getrieben. Das blieb stärkeren Geistern vorbehalten, dem Branntwein, dem Korn, dem Gin oder Genever, dem Arrak, dem Wodka, dem Whisky, dem Aquavit, die, seit die Brennverfahren im 17. Jahrhundert effizienter und kostengünstiger geworden waren, auf den meisten Schiffen zu finden waren. Auch der Rum gehörte dazu, über den im nächsten Kapitel zu lesen ist.

Die Vorteile stärkerer Alkoholika lagen genauso auf der Hand wie ihre Nachteile. Viel schneller konnte man sich mit ihnen betrinken und wesentlich schwerer, bei längerem Mißbrauch blieben Alkoholismus und damit zusammenhängende Krankheiten wie Leberzirrhose nicht aus. Ganze Mannschaften konnten durch Branntweinsaufen so außer Rand und Band geraten, daß die Offiziere warteten, bis sie sich ausgetobt hatten; der Ausbruch von Meutereien, sogar die auf der »Bounty«, wurde häufig mit starken Alkoholika in Verbindung gebracht, Herman Melville sah auf seiner ersten Fahrt, wie ein Mann im Delirium tremens einfach über Bord sprang und ertrank.

Gerade in der englischen Marine gab es viele Überlegungen, wie man diesen Folgen des verderblichen Alkoholtrinkens begegnen könnte. Dabei setzte man zum Teil, wie Henry Bollingbroke im Jahr 1800, sogar auf die Macht der Argumente:

*Ich bin überzeugt, daß wir nicht halb so hohe Todeszahlen zu verzeichnen hätten, wie wir es gegenwärtig tun, wenn unsere braven Seeleute von dem Wissen über die zerstörerische Qualität [des Alkohols] profitieren könnten. Ich erinnere ganz grundsätzlich nur an den Seemann in der Handelsmarine, der – wie wohlbekannt ist*

*– an Land unter kaum einer oder keiner Kontrolle der Schiffsfüh-
rer steht. Am Sonntag ist ihr Haupttreffpunkt bei den Grogläden,
wo sie sich nicht nur bestialisch mit diesem neuen Rum vergiften,
sondern sich darüber hinaus auch noch mit einem kleinen Krug
davon versehen, der ihnen unter der Woche dienlich sein soll, als
Ergänzung nämlich der Ration [Alkohol], die sie auf ihren Schiffen bekommen, und deren Qualität stets gut ist, weil ja die
Schiffsführer üblicherweise die Gelegenheit haben, einen für die
Reise genügend großen und steuerfreien Vorrat anzulegen, ehe sie
England verlassen.*

Argumente und Aufklärung prallten aber an so mancher Teerjacke
ab, obwohl der Schnaps ohne Zweifel zu mehr Selbstmorden und
Unfällen führte: Männer reagierten zu spät, fielen aus den Wanten,
verletzten sich mit Werkzeug, wurden über Bord gespült. Georg Forster beschreibt ein solches Unglück:

*Während unseres Aufenthalts hatte ein Seesoldat das Unglück,
hier zu ertrinken. Als er vermißt wurde, kam heraus, daß er, um
seine Notdurft zu verrichten, in der Trunkenheit über das Gelän-
der vorn am Schiff gestiegen und von dort ins Wasser gefallen
war. Eben dieser Mensch war schon einmal bei Eromango in Gefahr gewesen zu ertrinken, und auf der Insel Tanna hatte er einen
von den Insulanern erschossen. Dies war der vierte und letzte
Mann, den wir auf der ganzen Reise verloren.*

Die äußerst geringe Verlustrate auf Cooks Reise hing nicht zuletzt
mit einer exzellenten medizinischen Versorgung der Besatzung zusammen, und zu den Heilmitteln zählten selbstverständlich, wie
noch heute, allerlei geistige Auszüge und verschiedene Formen von
»Eaux de vie«, die noch den Vorteil hatten, sich selbst in tropischen
Gewässern praktisch unbegrenzt zu halten. So reichte man auf manchen Schiffen zum Frühstück auf nüchternen Magen einen doppelten oder dreifachen Branntwein, der gegen Würmer helfen sollte,
erst danach gab es Grütze, und schon im 16. Jahrhundert verordne-
te die Niederländische Ostindienkompanie Genever mit Löffelkraut
gegen Skorbut.

Wichtiger noch waren die psychischen und physischen Vorteile. Schnäpse aller Art vermittelten ein deutliches Erleichterungs- und Wärmegefühl, was Seeleute über die Maßen zu schätzen wußten, da sie stunden-, ja tagelang nicht ihre nasse Kleidung wechseln konnten und fast nie einen Ofen hatten, weil die Feuersgefahr auf den hölzernen Schiffen viel zu groß war. Ein Schluck aus der Pulle konnte auch dazu dienen, die harten Lebensbedingungen an Bord zu vergessen oder Freundschaften zu schließen und zu bekräftigen. Starke Alkoholika wie das Kauen von Tabak betäubten die Zunge und ließen den versalzenen oder faden Fraß an Bord leichter schlucken. Sie vermittelten zudem ein Gefühl der Leistungssteigerung, das Jack London in *König Alkohol* sehr gut beschreibt:

*Alkohol war gut für einen Mann, der sich überanstrengte. Ich merkte seine Wirkung an meiner kleinen Besatzung, wenn sie den Anker aus vierzig Faden Tiefe heißte und sich fast den Rücken dabei zerbrach und das Herz sprengte, nach einer halben Stunde zitternd und nach Luft schnappend, einhalten mußte, aber mittels etwas steifen Grogs wieder zu Kräften kam. Dann atmeten die Leute wieder ruhig, wischten sich den Mund und packten wieder zu. Und als wir die »Snark« einmal kielholten und, vom Fieber geschüttelt, bis an den Hals im Wasser arbeiten mußten, sah ich wieder, wie der starke Rum die Arbeit förderte.*

*Und hier lernen wir also wieder eine neue Seite des so vielseitigen König Alkohols kennen. Scheinbar gibt er etwas für nichts. Wo alle Kraft verbraucht ist, schenkt er neue Kraft. Der Müde erhebt sich zu neuer Anstrengung. Für einen Augenblick vermehrt er unzweifelhaft die Arbeitsfähigkeit. Einmal schleppten wir acht Tage hintereinander auf einem Ozeandampfer Kohlen – es war die Hölle. Damals bekamen wir Gratiswhisky, um unsere Arbeit tun zu können. Wir arbeiteten die ganze Zeit in halber Betrunkenheit. Und ohne den Whisky hätten wir die Kohlen unmöglich schleppen können.*

*Und diese Kraft ist nicht eingebildet. Es ist wirkliche Kraft. Aber sie wird aus geheimen Quellen geschöpft, und zuletzt muß man dafür bezahlen, und das mit Zins. Aber welcher müde Mensch wird so weit vorausschauen? Er nimmt die scheinbar*

*wundersame Kraftvermehrung hin und schätzt sie nach ihrem au-
genblicklichen Wert.*

Doch nicht nur als Stimulanz während der Arbeit nutzte man auf
Schiffen den Alkohol, üblich war es auch, daß Kapitäne einen Extra-
trunk Branntwein nach getaner Arbeit als Belohnung und Festge-
schenk einsetzten. Hatten die Matrosen beispielsweise besonders
schweres Wetter überstanden, ertönte auf den Schiffen kluger Kapitäne das mindestens seit 1622 belegte Kommando »Besanschot an«.
Es bedeutete, daß man sich, meist achtern, versammelte, wo jeder
vom Kapitän oder vom Steuermann sein Quantum Branntwein als
Dank und Aufmunterung erhielt. Dieses Kommando gab es interna-

*»Besanschot an!«*

tional, auf englischen Schiffen hieß das »splice the main brace«, auf
dänischen »hales mesankøde«, auf norwegischen »slitsa storbras-
sen« oder fröhlicher »Släpp nu lärkan ut ur buren!« (»Laßt die Ler-
che nun aus dem Käfig, ihr Burschen!«). Selbst auf Dampfern verwendete man dieses Kommando und diese Art der Belohnung noch,
wenn extrem harte Arbeit wie das Ziehen eines Zylinders vollbracht
war. Ein Seehandbuch empfahl schon im 16. Jahrhundert angehen-
den Kapitänen, für solche Gelegenheiten einen Sondervorrat anzulegen:

> *Nach einem Sturm, wenn die armen Männer durchnäßt sind und*
> *manche keinen trockenen Faden mehr am Leib haben und vor*
> *Kälte zittern, wird etwas Wein oder Aquavit viel besser für ihre*
> *Gesundheit sein als ein Bierchen oder kaltes Wasser, sogar wenn*
> *es gesüßt ist. Obwohl jeder selber für seinen eigenen Vorrat sor-*
> *gen sollte, gibt es nur wenige, die so vernünftig gewesen sind oder*
> *die Mittel dazu haben; und weil es hier [an Bord] auch weder ei-*
> *ne Kneipe, Gaststätte oder einen Ausschank noch einen Krämer,*
> *Geflügelhändler, Apotheker oder Schlachter gibt, ist ein kleiner*
> *Vorrat, den man auf Kredit kaufen kann, für solche Notfälle an-*
> *zulegen.*

Sogar ein eigenes Lied wurde dem beliebtesten Kommando von
Klaus Prigge gedichtet:

> *Besanschot an!*
> *So mennich leve, lange Joorn*
> *Hebbt wi na See to foorn*
> *Un hebbt in Not un in Gefoor*
> *Niemals den Moot verlor'n.*
> *Un wenn't ok störmt, un wenn't ok weit,*
> *Fast staan wi Mann för Mann.*
> *Am meisten aber deit uns freu'n,*
> *Wenn't heet: »Besantschot an!«*
> *Am meisten aber deit uns freu'n,*
> *Wenn't heet: »Besantschot an!«*

Besonders gern und viel wurde freilich bei Festen an Bord getrunken. Zum Teil stimmten die Anlässe dafür mit denen an Land überein, zum Teil waren sie aber eine Spezialität der Seefahrer. Wiederum soll Georg Forster zur Sprache kommen, der Weihnachtsfeste und den zweiten Jahrestag der Abreise an Bord von Cooks Schiff schildert.

*Wir Passagiere feierten den heutigen ersten Christtag in Gesellschaft unserer Seeoffiziere dem Herkommen nach recht vergnügt, und die Matrosen ließen sich durch die gefährliche Nähe der Eisberge nicht im geringsten abhalten, diesen Festtag mit Lärmen und Trinken zu verbringen, wozu sie ihn besonders bestimmt zu haben scheinen.*

Genauso sieht es am 25. Dezember 1773 aus:

*Die Matrosen bekamen eine doppelte Portion Pudding und taten sich an ihrem Branntwein gütlich, den sie aus großer Vorsorge, heute recht voll zu werden, schon monatelang zusammengespart hatten. Das ist auch in der Tat das einzige, wofür sie sorgen, alles übrige kümmert sie wenig oder gar nicht. Sie versichern, solange der Branntwein noch währte, den Christtag auch als Christen feiern zu wollen, wenn sich auch alle Elemente gegen sie verschworen hätten.*

Beim dritten Weihnachten ist es sogar am schlimmsten:

*Das Schiffsvolk hatte schon am vorigen Abend angefangen, das Weihnachtsfest zu feiern, und fuhr zwei Tage fort, ohne Unterlaß zu schwelgen. Sie machten es so arg, daß Kapitän Cook endlich den größten Teil in ein Boot laden und an Land setzen ließ, damit sie in der frischen Luft wieder nüchtern würden.*

Am 13. Juli 1774 notiert Forster:

*Es waren heute gerade zwei Jahre seit unserer Abreise von England verflossen, die Matrosen unterließen daher nicht, diesen Tag nach ihrer gewohnten Art, das heißt bei vollen Gläsern zu feiern.*

*Sie hatten von ihrem täglichen Deputat an Branntwein ausdrück-*
*lich etwas gespart und sich vorgenommen, allen Kummer und*
*Verdruß in Grog, der wahren Lethe des Seemanns, zu ersäufen.*
*Einer von ihnen, der ein halber Schwärmer war, hatte im vorigen*
*Jahr, also auch diesmal wieder, ein geistliches Lied auf diesen Tag*
*gemacht und hielt nach Absingung desselben seinen Kameraden*
*eine ernstliche Bußpredigt, alsdann aber setzte er sich zu ihnen*
*und ließ sich die Flasche ebenso kräftig wie die Buße empfohlen*
*sein, indessen ging es ihm dabei wie den anderen mit der Sünde,*
*sie überwältigte ihn.*

Besonders bemerkenswert ist, daß Cook, obwohl die Fahrt erst am
13. Juli begann, schon am 30. September in Kapstadt wieder Branntwein fassen muß, den Forster unter dem Punkt »Bedürfnisse für die
Mannschaft« einordnet.

Nun können die Verhältnisse an Bord der »Resolution« und der
»Adventure« nicht als exemplarisch für die christliche Seefahrt angesehen werden, denn bei britischen Schiffen, zumal solchen, die im
Auftrag der Admiralität segelten, schufteten durchweg zum Dienst
gepreßte Seeleute; bei
den mitgeführten Seesol-
daten war es genauso.

Auf vielen anderen
Schiffen sah es dagegen
ganz anders aus. Dort
feierte man Königs Ge-
burtstag oder die Kir-
chenfeiertage zwar eben-
falls mit einem Extra-
quantum Hochprozenti-
gem, regelrechte Gelage
jedoch oder Exzesse, wie
sie bei Forster beschrie-
ben werden, kamen auf
Kauffahrteischiffen viel
seltener vor, zumal deren
Besatzungen über Jahr-

*Kapitän James Cook*

hunderte hinweg oft einen Anteil an der Ladung besaßen oder eigene Waren an Bord beförderten, also quasi Miteigner, nicht bloß Angestellte eines Reeders waren. Damit stand es in ihrem höchsteigenen Interesse, das Schiff nicht durch Trunkenheit zu gefährden und auf allgemeine Einsatzbereitschaft zu achten. Von den Feiern dieser Seeleute läßt sich deshalb nur weniger Dramatisches berichten. Weit weg von daheim – vor der peruanischen Guanoinsel Lobos de Afuera – beging man Weihnachten an Bord der Hamburger Bark »Anny« so:

*Das Abendbrot ist heute besonders gut und reichlich ausgefallen, und als wir damit fertig sind, kommen die Jungs und setzen zwei große Klöben [Hefegebäck] und eine umfangreiche Blechback voll Glühwein auf den Tisch ... Wir holten unsere Instrumente hervor, um gleich ein Weihnachtslied anstimmen zu können, wenn die Achtergäste kämen ... Moses ging umher und füllte die Mucken mit Glühwein, der sehr schön schmeckte, wenn er auch ein wenig zu dicht neben dem Wasserkessel gestanden hatte.*

Gerade zu Weihnachten spendierte der Kapitän den Mannschaften oft etwas; Zigarren, Schnaps, Glühwein oder Punsch waren durchaus üblich. Zu Ostern erhielt 1646 auf dem holländischen Ostindienfahrer »Henriette Louyse« jeder an Bord zwei gekochte Eier und freies Trinken, auf der schwedischen Bark »Charles Tottie« bekam die Besatzung am Osterabend 1867 Brei, Branntwein und Wein. Bis Ende des 19. Jahrhunderts ruhte auf katholischen Schiffen, im Gegensatz zu protestantischen, die Arbeit in der Kar-Woche. Ein spezieller Festtag wurde begangen, wenn ein Schiff entladen war, dann wurde der »Blaue Peter« gehißt, eine Flagge, die signalisierte, daß das Schiff am nächsten Tag auslaufen werde. Die beendete Arbeit und die bevorstehende Heimkehr wurden gerne an Bord gefeiert, wobei es häufig eine Extraration Alkohol gab. Noch heute heißen deshalb allein in Hamburg mindestens vier Kneipen »Blauer Peter«. Selbstverständlich galt für alle Feiern, daß bei schwerer See und Sturm niemand einen Gedanken daran verschwenden konnte.

Wer vom »drunken sailor« spricht, muß stets unterscheiden, von welcher Zeit, von welcher Art von Schiffen und von welcher Besatzung er spricht. Heizer auf den Ozeanriesen um 1900 können nicht einfach mit Küstenschiffern, zwangsrekrutierte Matrosen verschiedener Flotten nicht mit Hochseefischern über einen Kamm geschoren werden.

Wie in anderen Zünften oder Berufszweigen an Land auch, mußte sich einer, der seine Laufbahn als Seemann begann, bestimmten Ritualen unterwerfen. Auf Schiffen hatten diese Initiationsbräuche insofern eine besondere Bedeutung, weil es für die Gemeinschaft an Bord überlebenswichtig war, sich in Notsituationen auf jeden einzelnen fest verlassen zu können. Die Prozedur, mit der jemand in die Mannschaft aufgenommen wurde, konnte deshalb durchaus unangenehm ausfallen, wollte man doch einerseits die Belastbarkeit des Neulings prüfen und andererseits, daß er sich lange an diese verpflichtende Zeremonie erinnerte, die man »Taufe« oder »Hänseln« nannte: »Im engeren Sinne«, schreibt Steusloff,

*bedeutet das unter Seeleuten die Aufnahme in den Kreis derjenigen, die bereits zuvor über bestimmte »Hänselorte«, wie das Vorgebirge Kullen am Sund oder die Berlenga-Inseln vor der portugiesischen Küste, den Äquator oder den nördlichen Wendekreis – später auch den Polarkreis –, hinausgekommen sind. Das »Eintrinken« oder die Entrichtung eines »Einstandes« nahm im 16., 17. und beginnenden 18. Jahrhundert nicht selten die Form ausgiebiger Trinkgelage an, natürlich auf Kosten der Gehänselten oder Getauften.*

1615 wurde die Taufe von der niederländischer Ostindienkompanie verboten, statt dessen gab man doppelte Rationen Wein und Essen aus; trotzdem wurde weiter getauft.

Auf einem spanischen Schiff, mit dem der Jesuit Joseph Kropff 1730 nach Vera Cruz segelte, beriefen sich die Matrosen auf einen Brauch bei ihrer Äquatorfeier, über dessen Ausführung Kropff schreibt:

*Weil wir gestern in den heissen Erd-Strich (Zona torrida) eingetreten, also hat heut der Capitan dem gemeinen Schiffs-Volck erlaubt Nachmittag ihr alt-hergebrachte Kurzweil zu machen. So*

*erwehlten dann die Boots-Knechte, und andere gemeine Schiff-*
*Leute aus ihrem Mittel einen König, den sie den grossen Krebs-*
*Sonnen-Wend-König betitelten, und führten denselben unter dem*
*Trommen-Schlag erstlich durch das Schiff herum, darnach auf*
*den Alcazar hinauf, woselbst er sich an eine darzu gerichtete Taf-*
*fel setzte, und mit seinen Trabanten und Ministern umgeben, von*
*dem Schiff Besitz name.*

Dieser König beklagt dann, daß Personen ohne seine Erlaubnis in
sein Reich gekommen wären, woraufhin sich die Novizen an Bord
entschuldigen und mit kleinen Geldsummen loskaufen müssen, die
unter den Matrosen verteilt werden. Kropff berichtet aber auch, daß
es früher rauher zugegangen sei:

*Vor der Regierung Philipps V. (1701–1746) übte dergleichen*
*Krebs-Kreis-Monarch ein weit größeren Gewalt aus, und mußten*
*so gar die Generals-Personen, wie auch Bischöff und Ertz-Bi-*
*schöffe (falls sich dergleichen Herrn auf dem Schiff befanden) vor*
*dem Thron sothanen After-Königs erscheinen, ja alldort ein ziem-*
*lich lautes Capitel anhören, als ex.gr. der Herr General ließe ihm*
*alles zu wol seyn; er hätte unnöthigen Uberfluß von Wein, Aqua-*
*vit und Confecturen mit sich zu Schiff genommen; könnte ins-*
*künftig wol mit einem wenigeren vorliebnemmen, und einen gu-*
*ten Theil von dergleichen Sachen unter die armen Marineros, die*
*es mit ihrer harten Arbeit besser verdienten, kommen lassen. Sol-*
*te dann zur Straff etc. ein Faß-Wein zum besten geben; ein Dutzet*
*Flaschen von Aquavit ausfolgen lassen, und sich nicht weigeren,*
*eine dergleichen Anzahl mit Zucker-Werck versehenen Schachteln*
*auszuspenden. Doch dem sonst gewöhnlichen Zoll des Tropici*
*hiemit gar nichts benommen. Es kame der gedultete Muthwillen*
*der Boots-Knechten dann und wann so weit, daß sie sich gleich zu*
*Anfang des Spiels der Person des Capitan oder Generals versi-*
*cherten, und ihn (so lang daßelbe daurete) in Eisen geschlagen*
*hielten. Aber eben diese Excesse und Unförm haben den jetzt*
*regierenden König dahin beweget, sothaner Kurz-Weil seine*
*Schranken zu setzen.*

63 Jahre später treibt man es auch an Bord eines skandinavischen
Schiffs sehr heftig:

> *Auf dem dänischen Chinafahrer »Juliane Maria« hänselte man*
> *1793 beim Überqueren des Äquators, und im Anschluß daran*
> *wurde ein dreitägiges Fest gehalten. Die Matrosen hatten sich als*
> *wilde Tiere verkleidet; auf die Ausgiebigkeit der Feier läßt recht*
> *deutlich der kurze Hinweis des Berichtes schließen, daß Bacchus*
> *Sieger blieb.*

Wenige Jahre zuvor notiert Georg Forster:

> *Am 9. [September 1772] passierten wir die Linie [also den Äqua-*
> *tor] bei einer gelinden wehenden Luft. Unsere Matrosen tauften*
> *ihre Kameraden, die sie noch nicht passiert hatten, und sich nicht*
> *durch Trinkgelder loskaufen wollten. Wer die Salztaufe über sich*
> *ergehen ließ, zog nachher frische Kleider an, und da dies auf der*
> *See nicht zu oft geschehen kann, war das Untertauchen, statt eine*
> *Strafe zu sein, vielmehr heilsam und gesund. Für die Trinkgelder*
> *wurden starke Getränke angeschafft, und diese vermehrten die*
> *Lustigkeit und Laune.*

Nicht selten dauerten diese Feiern mehr als einen Tag, auch weil gutes Wetter und Windstille in dieser Gegend so etwas erlaubten.

Am bekanntesten von diesen Ritualen ist immer noch die Äquatortaufe, die heutzutage sogar auf Passagierschiffen vorgenommen
wird; eine Urkunde bescheinigt, daß man die Linie überquert habe.
Die harmlosen Scherzchen, denen sich die Passagiere allenfalls noch
ausgesetzt sehen, unterscheiden sich jedoch gewaltig von dem auf-
wendigen Zeremoniell, mit dem man an Bord von Handels- oder
Kriegsschiffen Novizen in Neptuns Reich aufnahm und teils noch
aufnimmt.

Der Alkohol durfte bei solchen Feiern nicht fehlen, ja das Er-
zwingen von Bier- oder Schnapsspenden von den Neulingen und das
anschließende gemeinschaftstiftende Trinkgelage gehörte zu den traditionellen Bestandteilen der Taufhandlung. Eine genaue Regel, wie
sie abzulaufen habe, gibt es nicht. Als Brauchtum wurde sie über

Jahrhunderte mündlich überliefert, jede Schiffsbesatzung bildete ein eigenes Ritual heraus, jeder Kapitän hatte andere Vorlieben oder Bedenken. Besonders phantasievoll und ausführlich wurden die Äquatortaufen im 20. Jahrhundert vorgenommen, so daß die Vorbereitungen lange dauern konnten.

Schon Tage vorher machten die bereits Getauften den Neulingen Angst, deuteten Qualen, Strafen und Einbußen an. Am Tag der Taufe wurden die Täuflinge dann oft zusammengetrieben, manchmal unter Schimpfen und Schlägen, nicht selten in den »Knast« gesteckt, eine enge Kammer, einen Heizungsraum oder sogar einen Schweinestall; auf der »Pamir« hieß es »vier Schweine oder zwölf Kadetten«. Um die Einschüchterung noch zu verstärken, die Enge und Hitze des »Knastes« schon bewirkten, lärmte die Mannschaft, schlug mit Eisenhämmern gegen Blechwände und schrie gewaltig. Inzwischen kamen Neptun und sein Gefolge an Bord, zu dem häufig Thetis, ein als Frau verkleideter Seemann, der »Doktor«, der »Pastor«, der »Friseur«, manchmal auch Wächter gehörten. Ihnen hatte der Täufling am Ende der Zeremonie zu huldigen. Vorher mußte er allerdings – oft wenig bekleidet – vom »Doktor« untersucht werden, der ihm dann eine Pille oder einen Heiltrunk verabreichte. So eine Pille war meist recht groß und widerlich, aus Bestandteilen wie Öl, Seife, Tabasco, Pfeffer, Katzendreck, Curry, Sägespänen geformt. Sie hinunterzuwürgen war keine Kleinigkeit. Als scheinbare Hilfe bot man schon mal einen »Cognac« an, der aus »Essig, gemixt mit Pfeffer, Salz, Curry, Sardinensoße und Öl, praktisch allem, was der Steward an Extrasachen in seinem Store hatte«, bestehen konnte. Oft wurden die Novizen auch ins Bockshorn gejagt, indem man ihnen beispielsweise aus einer Bettpfanne zu trinken befahl, in der eine dunkle Bratwurst in schalem Bier schwamm. Da die Täuflinge mit dem Schlimmsten rechneten, war der Ekeleffekt enorm. Der »Friseur« begann dann mit den Reinigungsprozeduren, denn Hauptzweck der Taufe war ja, wie viele Taufscheine bestätigen, »den Schmutz der nördlichen Halbkugel abzuwaschen«. Widerliche Shampoomixturen wurden verwendet aus Teer, Ei, Maschinenschmiere, Ruß, manchmal begnügte man sich auch mit übelriechenden Substanzen, um nachher besser kuriose Frisuren kreieren zu können. So oder so blieb dem Täufling selten etwas anderes übrig, als sich nachher die

Haare sehr kurz oder sogar eine Glatze scheren zu lassen. Weitere
»Reinigungsprozeduren«, bei denen Farbe, Fett, Schmierseife zum
Einsatz kamen, waren ebenfalls häufig. Wartezeiten hatten die Neu-
linge zuweilen in »Stinkfässern« zu verbringen, in denen sich ein
Brei aus Wasser und alten Küchenabfällen befand. Eine weitere Sta-
tion war der Windsack, durch den man zu kriechen hatte, während
vorne und hinten mit Schläuchen hineingespritzt wurde; manchmal
schlug die Besatzung auch noch auf den Mann innen ein.

Besonders gut überliefert sind Äquatortaufen auf DDR-Schiffen,
die Wolfgang Steusloff erforschte, hatte er in seiner Fahrenszeit doch
einige Taufen erlebt und von vielen Seeleuten Auskunft und Doku-
mente erhalten. Hier entwickelte man ein ganzes Sammelsurium an
Pseudofoltergeräten, von hölzernen Halskrausen über Streckbänke

*Launige »Folterungen« auf der »Nordhausen« im Rahmen der Äquatorrituale.*
*Dem Schreiber wird signalisiert, daß der Täufling soeben eine Spende von fünf Flaschen*
*Sekt angekündigt hat. Sammlung Wolfgang Steusloff*

bis hin zu Kreuzen; Peitschen schwingende »Polizisten« gab es und Kapuzen tragende Scharfrichter, die so taten, als versähen sie die Täuflinge mit Brandzeichen. Tatsächlich erhitzte man Eisen, drückte sie aber in eine Speckschwarte und hielt dem Delinquenten im Moment, wenn die Schwarte zischte, Eisstücke an den Körper. Die Taufe selbst konnte ebenfalls unangenehm sein, tauchte man die Novizen doch oft so lange unter, bis genügend Kisten Bier geboten wurden, um der Tauferei ein Ende zu machen. Schließlich hatte man Neptun samt Gefolge zu huldigen, wobei Thetis der Fuß geküßt werden mußte, der mit Schmierseife oder stinkendem Käse eingerieben worden war. Wer all diese Prozeduren tapfer überstanden hatte, wurde feierlich mit einem neuen, aus Neptuns Reich genommenen Namen wie Narwal, Doktorfisch, Butt, Qualle in die Gemeinschaft der Südmeerfahrer aufgenommen. Im 20. Jahrhundert bestätigte meist ein selbstgemalter Taufschein den feierlichen Akt, der mit einem Gelage der Mannschaft beendet wurde.

Was sich so martialisch anhört, konnte tatsächlich aus dem Ruder laufen, in der Regel verlief die Äquatortaufe aber im Rahmen von männlicher Derbheit. Von manchen Stationen und aus manchen Situationen konnte man sich durch Alkoholspenden freikaufen, die zuweilen nicht einmal in voller Höhe bezahlt werden mußten. Vieles wurde nur angedroht, vieles vorgetäuscht, beispielsweise Schläge mit Tampen oder Peitschen. Gleichwohl blieben genügend furcht- und ekelerregende Prozeduren, genügend Qual und Demütigung, daß ein Getaufter noch nach vielen Jahren meinte: »Lieber dreimal seekrank als einmal Äquatortaufe.« Tatsächlich gab es vereinzelt Verletzte, und Gerüchte wollen sogar von Toten wissen, doch konnte dazu keine Bestätigung gefunden werden. Vielleicht diente die »moderne Sage« – denn Todesfälle werden immer wieder anderen Schiffen und Reedereien zugeschrieben – auch dazu, die Furcht vor der Taufe noch zu steigern. Heute gibt es zwar noch Äquatortaufen, doch nimmt ihre Bedeutung, ihre Dauer und ihre Zahl deutlich ab. Die geringe Bemannung moderner Schiffe, die gemischten Besatzungen, die zum nicht geringen Teil aus Ländern südlich des Äquators stammen, und der enge Zeitplan allein verhindern die Zeremonie.

Wer eine solche Initiationshandlung endlich überstanden hatte, vergaß sie natürlich sein ganzes Leben nicht und fühlte sich damit als etwas ganz Besonderes. Nun war man quasi Mitglied eines Ordens, dessen Regeln und Überzeugungen sich von denen der Landbewohner deutlich unterschieden.

Die Trennung in zwei »Kulturen« gab es allerdings nicht immer, und sie galt auch nicht für alle Bereiche gleichermaßen. Bei den Handelsschiffen waren für diese Trennung zwei Entwicklungen entscheidend. Da gab es zum einen die immer häufigeren extrem weiten Handels- und Entdeckungsfahrten seit dem 15. Jahrhundert, die oft mehr als ein Jahr dauerten und dadurch einen eigenen Menschenschlag formten, der mehr auf dem Meer als an Land lebte; Besatzungen dieser Fernhandelsschiffe waren schon damals häufig aus vielen Nationen gemischt, galten als rauh, ungesittet und alkoholliebend. Zum anderen gab es weitere Jahrhunderte eine lokale und regionale Seefahrt, die erst um die Wende zum 19. Jahrhundert durch den Übergang zu industrialisierter Schiffahrt eine ähnliche Entwicklung erlebte. Interessanterweise war dabei nicht der Wechsel vom Wind- zum Dampfantrieb entscheidend. Schon weit vor dem Siegeszug der Dampfer kam es ja zu einer Optimierung der konventionellen Schiffe, so daß man schon für das 19. Jahrhundert von einer »Segelmaschine« spricht. Immer aufwendigere Takelagen, größere Schiffstypen, größere Segelflächen, geringere Besatzungsstärken, zunehmender Einsatz von Eisen für Rumpf, Masten, stehendes und laufendes Gut erlaubten höhere Geschwindigkeit, weitere Reisen, weitere Strecken über offene und teils sehr stürmische Meere.

Vor allem in Deutschland, das keine eigene Flotte und deshalb weniger Fern-Seehandel betrieb, war es der Druck vom Land auf die Seekultur, der zur Auflösung von Privilegien, zu einer Veränderung der Beziehungen Reeder – Schiffsführer – Besatzung führte. So gab es bis ins 19. Jahrhundert hinein das »Schiffsvolk« auf deutschen Schiffen, das als Teileigner das Recht hatte, eigene Waren mitzuführen und zu verkaufen, es gab nur eine Schiffsgemeinschaft, in der gemeinsam gegessen, gebetet, geredet wurde. Der Schiffsführer arbeitete in der Regel mit, er unterschied sich von den anderen durch Erfahrung und besaß dadurch Autorität. Die Mannschaften verdingten sich nur auf einen bestimmten Zielhafen und zurück, also auf berechenbare Fahrtzeiten, und dazu auf Fahrtsaisons von Februar bis September, wodurch sie drei Monate mindestens an Land hatten, in denen sie integriert in das Leben dort waren, Familienleben hatten, Ämter und Positionen in der Gemeinde wahrnehmen konnten. Durch immer stärker werdendes Effizienzdenken an Land wurden die Kaufleute und Reeder gezwungen, auf längere Fahrtzeiten, auch außerhalb der Saison, zu drängen, dazu auf Trampfahrten, also das Fahren von Hafen zu Hafen mit immer neuer Ladung ohne klares Ziel, was vorher unüblich gewesen war. Der Geist der Wirtschaftlichkeit verlangte natürlich auch, das Recht der Besatzung, eigene Waren zu transportieren, zu bekämpfen, weil dadurch Stauraum verloren ging. Reeder verlangten neue Heuerverträge, welche die Besatzung zu Angestellten machten. Nicht nur die Verdienstmöglichkeiten, auch das Ansehen der Besatzung reduzierte sich damit. Der familiäre bzw. gemeindliche Verbund von seefahrenden Familien löste sich langsam, aber sicher auf, weil die längeren Fahrzeiten eine längere Abwesenheit und damit eine schwindende Integration ins Landleben bewirkten, womit sich die Zusammensetzung der Besatzungen wandelte. Wer Familie hatte, suchte sich jetzt eher eine Arbeit an Land.

Gleichzeitig setzte Anfang des 19. Jahrhunderts eine Professionalisierung der Schiffsführer ein. Es wurden spezielle Ausbildungsgänge an Land eingerichtet, um Männer zu Offizieren zu machen, die dann zwar theoretisch sehr beschlagen, aber nicht selten jünger und weniger meererfahren waren als ihre Besatzung an Bord. Beides vergrößerte die Distanz zwischen Matrosen und Offizieren, ein Umstand, der geradezu handgreiflich wurde durch die eigene Kajüte des Kapitäns oder die Offiziersmesse, die von der Back räumlich getrennt und weniger einfach eingerichtet war und getrenntes Essen zur Folge hatte. Eine klare, nicht unbedingt auf Erfahrung beruhende Hierarchie setzte sich langsam durch, die den Kapitän zu einsamen Entscheidungen und oft in eine tatsächliche Einsamkeit trieb – ein Grund für Spannungen und Trinken. Das Gesetz der Effizienz bezog sich auf immer mehr Bereiche: Besatzungsverminderung, Reduzierung von Liegezeiten, Erhöhung des Arbeitssolls und Vermehrung der Pflichten (z. B. Löschen der Ladung), forciertes Segeln, wodurch sich Freizeit wieder reduzierte. Landgänge wurden teils verboten, teils extrem erschwert durch geringe Zeit und Möglichkeiten, an Land zu kommen. Die Bindungen untereinander verringerten sich, die Zusammensetzung der Besatzungen wurde bunter, oft sogar international. Seeleute wurden zu einer Art speziellen Angestellten.

All diese Entwicklungen bedingten eine Entfremdung von immer mehr Seeleuten vom Landleben und begünstigten damit die Abtrennung einer Schiffskultur, die Nichtseeleuten unverständlich war. Selbst die Küstenbewohner, mehr noch die Bevölkerung im Landesinneren wurden seltener mit dem Bordleben, den Schiffern und ihren Gebräuchen, Erzählungen, Traditionen konfrontiert, und damit ergaben sich mehr Möglichkeiten zur Mythisierung, zur Romantisierung oder zur Verachtung. Daß Seeleute nach den neuen Gesetzen des Marktes gezwungen waren, auch an Sonntagen oder kirchlichen Feiertagen zu arbeiten, wurde ihnen beispielsweise als Gottlosigkeit ausgelegt. Daß sie ihr Wasser mit Branntwein oder Rum trinkbar machten, verschaffte ihnen den Ruf von Trinkern. Daß sie sich in fernen Ländern herumtrieben, oft keine Familie hatten oder sie lange allein ließen, stempelte sie zu unbürgerlichen Menschen.

Die harte Arbeit dagegen, das enge Aufeinanderleben, die Isolierung, einfache, eintönige, teils schlechte Kost, die weitgehende Unterwerfung unter eine starke Autorität und geringer Verdienst, der oft als Grund für das Trinken an Bord genannt wird, bedeuteten weder im 18. noch im 19. Jahrhundert eine Besonderheit, vergleicht man diese Lebensbedingungen mit denen der Landbevölkerung, die ja ebenfalls eine Art Patron, simple Katen oder Gemeinschaftsunterkünfte, ewiggleiches einfaches Essen, kargen Lohn hinnehmen mußte. Und Alkoholexzesse gab es an Land auch, wie beispielsweise eine Statistik der britischen Streitkräfte im 19. Jahrhundert zeigt. Damals untersuchte man das relativ neu entdeckte Phänomen des Delirium tremens über einen langen Zeitraum, wobei man die Armee und die Marine getrennt betrachtete. Im ganzen Zeitraum lagen die Zahlen für die Seeleute unter denen der an Land Stationierten.

Wirklich höchst belastend und mit kaum einem anderen Beruf vergleichbar waren bei Seeleuten die langen Fahrenszeiten und die Beschränkung auf das enge Dasein an Bord, dem nicht zu entrinnen war. Die harten Lebens- und Arbeitsbedingungen der Matrosen verstärkten dann im Heimathafen nur noch einen Ausbruch an Lebensgier, den ein Seemann auf platt sehr gut erklärt:

*Wenn wi vier Monat up See wäst wiern un kemen denn an Land, denn wieren wi as de Willen – goor nich to hollen! – De Schipper müsst denn tosehn in'n Haben bi'n Konsul, dat he to Geld keem. Denn geew he uns dat: Nu maakt bloot, dat ji wegkaamt! Wi wieren mitunner dree, vier Dag' nich an Buurd. – Ik heff mal hunnertfiwunsoebentig Dag' fohrt in een Tour. Wenn 'n denn an Land kümmt, dat is, as wenn 'n Hund ut de Käd' kümmt – denn hängt wat uut, denn is wat gefällig.*

Holländische Matrosen sangen im 17. Jahrhundert ein Lied, das diese angespannte Vorfreude auf Frauen und Alkohol nach langer Seereise beschreibt:

*Auf, Matrosen, wir sind
    frei!
Denkt nur an die Maiden!
Unsre Reise ist vorbei,
müssen nicht mehr leiden.
Schöpft nun Mut und seid
    bereit!
Sind nur hundert Meilen,
die wir in ganz kurzer Zeit
vor dem Winde eilen.*

*Oh, die Mädchen locken ja
mit gefüllten Bechern,
und gar bald schon sind wir
    da,
woll'n mit ihnen zechern.
Mädchen von der leichten
    Art
in dem Hurenkeller
nehmen wir zuerst apart.
Auf geht's! Segelt schneller!*

Titelblatt »Plattdütsche Schipperleeder.
För vergneugte Seelüd.« Von Hein Schacht.
Steudel und Hartkopf, Hamburg 1903

Seit im hohen Mittelalter als Zentren der Schiffahrt mächtige See-
republiken wie Venedig oder Genua und internationale Handels-
organisationen wie die Hanse entstanden waren, gab es die typi-
schen Hafenviertel, in denen die besonderen Bedürfnisse der Seeleute befriedigt wurden. Im Zeitalter der Entdeckungen wuchsen diese
Quartiere in Amsterdam oder Cadiz oder Porto oder Batavia schnell
an, manche, wie das an der Route nach Indien liegende Kapstadt,
schienen fast nur dafür zu existieren. Schenke lag an Schenke,
Schiffsausrüster, billige Absteigen, Fischbuden und Kramläden mit
Souvenirs wechselten sich ab, Prostituierte und Bettler, Schausteller
und Taschendiebe, windige Agenten und mehr oder weniger aktive
Polizisten trieben sich in dieser Mischung aus Vergnügungs- und
Elendsvierteln herum. Manchmal befand sich hier, wie im Hafenvor-
ort Londons mit Namen Wapping, in dem es Werften, Speicher und
berüchtigte Seemannskneipen wie die »Devil's Tavern« gab, auch
noch die Hinrichtungsstätte.

Viel leichter als unter dem Galgen fanden sich Seeleute allerdings
ausgeraubt, unter dem Tisch oder plötzlich an Bord eines fremden
Schiffes wieder. Die Praxis des »Schanghaien« wendete man schließ-
lich schon lange an, bevor dieser Name dafür aufkam: Eine Art von
»K.o.-Tropfen« gab es früh, und oft genügte es, Seeleute freizuhal-
ten, bis sie vollkommen betrunken waren. Gegen einen Anteil an der
Heuer verschacherte man die Schlafenden dann an Kapitäne, denen
Matrosen desertiert waren. Nach der chinesischen Stadt wurde die-
ses zwangsweise Anheuern genannt, weil Kulis dort in ähnlicher
Weise zum Dienst in Übersee gepreßt wurden.

Freiwillig kamen im Hafen Frauen an Bord, die doppelt von den
Mannschaften erwünscht waren. So genau ihre Anwesenheit und sie
selbst auch kontrolliert wurden, schmuggelten sie doch oft Schnaps
und Rum an Bord, was dort mindestens so willkommen war wie die
Prostituierten selbst, denn private Alkoholrationen waren verboten.
Am häufigsten versteckten die Frauen den Alkohol in Lederschläu-
chen, die sie am Leib trugen.

Der wachsende Weltverkehr, der immer größere Handelsflotten
und mehr Matrosen erforderte, ließ die Hafenviertel zu Städten in
oder direkt vor den Städten anwachsen und manche von ihnen internationale Berühmtheit erlangen. Kaum ein Viertel aber wurde seit

dem späten 18. Jahrhundert so berüchtigt wie St. Pauli und die Ree-
perbahn. Dabei war das Gebiet lange einfach Niemandsland zwischen dem Millerntor, das aus Hamburg herausführte, und dem
Nobistor, das ins lange Zeit dänische Altona hineinführte. Weil hier
von den Reepschlägern Seile in langen Flechtapparaturen, den Ree-
perbahnen, hergestellt wurden, kam die knapp einen Kilometer lange Straße zu ihrem Namen. Wer keinen ehrlichen Namen hatte oder
einem unehrenwerten Gewerbe nachging, wer zuwenig Geld hatte,
um in der Stadt zu leben, siedelte sich hier an; dazu kamen die Hu-
ren, die 1732 per Ratsdekret der Stadt verwiesen wurden. Weil der
Hafen nahe lag, kamen bald die Seeleute, die Abwechslung suchten
und ihre Heuer in den Schenken und Bordellen schneller, als ihnen
lieb war, loswurden. Die Kapelle zum Heiligen Paulus, die St. Pauli
den Namen gab, änderte nichts an dem gottungefälligen Treiben der
Seeleute und der Landbewohner, die hier auf gänzlich unbürgerli-
chem Terrain über die Stränge schlugen. Die Stadtväter, christliche
Vereinigungen und manche Reeder suchten dennoch, vor allem im
19. Jahrhundert, nach den Ursachen und nach Abhilfe.

Es war trotzdem wichtig, daß es im Hafengebiet allerlei Spezial-
angebote für Seemänner gab: Heuerbaase, die Kredite gaben, Zeug-
baase, die einem verläßliche Ausrüstung verkaufen konnten, Schlaf-
baase (Herbergswirte), die günstige Übernachtungsmöglichkeiten
boten, die zu einer Art zweiter Heimat werden konnten. Daneben
aber tummelten sich natürlich auch »Landhaie«, die »Unwissenheit,
Notlagen, Vergnügungsbedürfnis oder Übermut skrupellos ausnutz-
ten«. Staatliche Regeln konnten das nicht verhindern, weil es, wie
der Hamburger Wasserschout Tetens betonte, dafür »einen natürlichen Grund« gebe: Er bestehe darin,

*daß der Seemann nach einer langen Reise voll Anstrengungen und
Entbehrungen besonders geneigt ist, sich gehen zu lassen und sich
dem Genuß hinzugeben, daß ihm ferner bei seiner Ankunft eine
für einen Mann der arbeitenden Klasse ungewöhnlich große
Geldsumme in die Hand gegeben wird. Durch diese Umstände
und in der Regel durch Leichtsinn und Leichtgläubigkeit wird er
ein besonders geneigtes Objekt für die Ausbeutung gaunerhafter
Geschäftsleute, wozu auch noch besonders beiträgt, daß er einige*

*Tage nach Ankunft des Schiffes häufig ohne Geld ist, weil die Ab-*
*musterung sich hinausschiebt, deshalb borgen muß und um so si-*
*cherer seinen Gläubigern in die Hände gerät.*

*Das Unwesen war früher so stark, daß die Geschäftsleute den*
*Schiffen bis unterhalb Cuxhaven entgegenfuhren, dort an Bord*
*gingen und die Mannschaften durch Branntwein betrunken*
*machten. Die Kapitäne trauten sich aus Furcht vor Gewalttätig-*
*keit nicht, dagegen einzuschreiten. Dem ist durch die Verordnung*
*vom 29. März 1889 entgegengetreten worden, durch welche »das*
*Betreten hier eintreffender Seeschiffe, ehe das Schiff sicher und*
*fest vertäut und vom Hafenlotsen verlassen, allen Unbefugten,*
*d. h. solchen Personen verboten wird, die nicht mit Erlaubnis-*
*karte von der Polizeibehörde versehen sind«.*

Versuche, die Seeleute nach englischem Muster durch Schutzbestim-
mungen vorsorglich quasi zu entmündigen bzw. zu betreuen, indem
man ihnen bei der Heimkehr kein Bargeld gab, die Heuer nicht auf
einen Schlag auszahlte oder die Möglichkeit bot, das Geld nach
Hause zu überweisen, wurden trotz der Vorschläge von Tetens in
Hamburg nicht umgesetzt, weil man an ihrem Sinn wie am Ausmaß
der Mißstände zweifelte. Resigniert meinte der »Verein Hamburger
Rheder«:

*Daß der Seemann nach den Entbehrungen der Reise sein Leben*
*genießen wolle und dabei den Werth des Geldes gering schätze,*
*sei erklärlich, ebenso, daß sich wenig gewissenhafte Leute das zu*
*Nutze machen. Das werde aber trotz aller Bemühungen so blei-*
*ben.*

Die bürgerliche Gesellschaft war dem einfachen Seemann schon seit
je mit Mißtrauen begegnet, weil er so ein unstetes, gefährliches und
zwangsweise unbürgerliches Leben führen mußte. Man darf nicht
vergessen, daß Seeleute schon über die Sieben Meere fuhren, als ein
Bürger kaum jemals weiter als in die Nachbarstadt reiste. Im König-
reich England oder in den Niederlanden zollte man allerdings den
Seeleuten als Gruppe höchsten Respekt, weil sie in Marine und Handelsmarine Sicherheit und Wohlstand der ganzen Nation sicherten.

Beides zusammen machte sie zu idealen Helden der Literatur, war doch ihr merkwürdiges Leben selbst abenteuerhaft und konnte ihr Handeln als patriotische Tat gefeiert werden. Lord Nelsons Siege steigerten ganz besonders die Produktion von Seeromanen in England, in denen der Mariner als eine Art bürgerlicher Held gestaltet wird. Sie wurden im 19. Jahrhundert auch in anderen europäischen Ländern mit Begeisterung gelesen, vor allem in Deutschland. Hier begann eine beispiellose Flottenbegeisterung, die mit der Konkurrenzsituation mit England zu tun hatte. Admiral Tirpitz konnte in dem von ihm initiierten Flottenverein rasch über eine Million mobilisieren, die den technischen Fortschritt im Schiffsbau verfolgten, sich für die mächtigen Maschinen begeisterten. Die

*Reichskriegsflagge, ein fröhlich mit der Schnapsflasche winkender Matrose und dahinter sein Schiff, die »SMS Moltke«, so nationalstolz wirbt Ende des 19. Jh. die Firma E. F. Elmendorf für ihren »Elmendörfer Steinhäger«.*

Professionalisierung des Schiffspersonals – man denke nur an die Offiziere in Uniform, an die studierten Ingenieure an Bord – und besonders die des Kapitäns machte nun die Marine für den Bürger zu einem Objekt der Identifikation. Familienzeitschriften wie die *Gartenlaube* verbreiteten in versüßlichter, stilisierter Form Geschichten von braven Seeleuten und technischen Meisterleistungen bis in die seefernsten Winkel des Landes.

Gerade der forcierte Einsatz der Technik schon bei den eleganten Klippern und bei den immer größeren Dampfschiffen weckte nun allerdings eine Sehnsucht nach den angeblich guten alten Zeiten auf See, da der Mann noch ein Mann von echtem Schrot und Korn gewesen sei, der tapfer mit Wind und Wellen gekämpft habe. Eine weitere Welle der Romantisierung und Mythisierung brach sich Bahn. Seither hörte der Schwall an Seeliteratur nicht mehr auf, der sich auf eine Fülle genialer Vorbilder berufen und sie schamlos kopieren konnte: James Fenimore Cooper, Edgar Allan Poe, Robert Louis Stevenson, Joseph Conrad, Jack London, Jules Verne und natürlich Herman Melville. In dessen *Moby Dick,* wo der Rausch des Wahnsinns viel stärker als der des Alkohols herrscht, begegnet man den wackeren Trinkern allerdings kaum, dafür in praktisch allen seinen vorher geschriebenen, sehr erfolgreichen Büchern. Nimmt man den Südseeroman *Omu* in die Hand, geht es gleich zu Beginn zur Sache, als der Ich-Erzähler an Bord des englischen Schiffes »Julia«, genannt »Gule«, aufgenommen und mit dem peruanischen Branntwein Pisco abgefüllt wird:

> *»Hat die Schnauze auf dem rechten Fleck, Steuermann. Gib ihm Pisco zum Einstand.«*
>
> *Dies Pisco war ein Teufelsgetränk von einem Schnaps. Nun sollte man denken, der Kapitän hätte einfach sagen können gleich einem Teufel:* »*So, arme Seele, nun gehörst du mir, und nun an die Arbeit.«* *Weit gefehlt. So geht es bei der englischen Schiffahrt nicht zu, ich bekam noch ein Glas Pisco, weil man auf zwei Beinen steht, und dann ein drittes zum Abgewöhnen, und wie es da in meinem Schädel aussah, ist schwer zu beschreiben. Ich mußte mich einfach hinsetzen.*

In den nächsten Tagen und Wochen gibt es viele Gelegenheiten zu trinken, sogar auf den Kapitän, obwohl der ein unangenehmer und undurchsichtiger Kerl ist:

> *Die Gule war ein wunderbarer patenter Kahn, weil sie so viel Pisco in ihrem Bauch barg. Und es ist kaum glaublich, Rixi brachte ein Hoch auf den Kapitän aus, in das alle einstimmten. Lieber ein*

*schlechtes Schiff und Schnaps als ein gutes ohne Schnaps, das be-*
*zeichnet die Devise des vernunftbegabten Menschen, und ich hat-*
*te den Eindruck, daß ihm alle zustimmten, keiner wollte eben*
*nicht vernunftbegabt sein.*

Nicht wenige der Schriftsteller kannten das Los an Bord aus eigener
Erfahrung, hatten mit eigenen Augen erlebt, wie sehr der Alkohol
nötig war, um alle Mühen und Leiden zu überstehen. Gleichzeitig
wußten sie, daß sie ein Vorurteil der Landbewohner bestätigten; der
Erfolg blieb nicht aus, und das Vorurteil wurde zementiert, bis
heute.

# »Und 'ne Buddel voll Rum«

*Über ein unersetzliches Universalmittel der Seefahrt*

ARUBA, CURAÇAO, TORTUGA, MARGARITA, Trinidad, Tobago, Grenada, St. Vincent, Barbados, St. Lucia, Martinique, Guadeloupe, Antigua, St. Kitts, Puerto Rico, Hispaniola, Kuba. Schon die unvollständige Namensparade der Karibikinseln klingt wie pure Poesie. Wer die Namen hört oder liest, in dem steigen Piratenträume auf, er sieht Inselparadiese vor sich, verliert sich in Agentenromantik und sehnt sich nach reiner Rum-Seligkeit. Oder vielleicht doch lieber nach einem Cocktail? Wie wäre es mit »Nelson's Blood«? Dazu benötigt man lediglich einen toten Admiral, sodann ein entsprechend geräumiges Faß mit Rum, in das der Verewigte eingelegt wird – man weiß ja vom Rumtopf, wie fabelhaft er sich zum Konservieren eignet. Ist alles gut durchgezogen, nimmt man einen kräftigen Schluck.

Was sich wie ein Schauermärchen anhört, gab es tatsächlich: Seeheld in Alkohol! Bei Trafalgar gewann nämlich Admiral Horatio Nelson am 21. 10. 1805 die Schlacht, verlor aber nun nach einem Auge und dem rechten Arm, die ihm einige Jahre vorher bei Kämpfen im Dienste der Krone abhanden gekommen waren, auch noch das Leben. Er hatte damit seine kurz zuvor per Flaggensignal übermittelte Schlachtparole an die Flotte: »England expects that every man will do his duty«, »England erwartet, daß jeder Mann seine Pflicht erfüllen wird«, selbst ernst genommen. Mit ihm starben Tausende von Franzosen, und auch der Blutzoll der Briten war hoch. Um sie alle wurde geweint, aber um niemanden so getrauert wie um den Admiral. Auf der »Victory«, seinem Flaggschiff, dienten damals 703 zumeist junge Männer, ihr Altersdurchschnitt lag bei 23. Nelson war bei ihnen beliebt, weil er weniger rigide strafte, als in der traditionell extrem strengen britischen Marine üblich, weil er immer wieder persönlichen Mut zeigte und eine unvergleichliche Begeiste-

*Thomas Rowlandson: Admiral Nelson erholt sich mit seinen tapferen Teerjacken nach der ruhmreichen Schlacht vom Nil (1798). Der Zeichner treibt Nelsons Ruf von Leutseligkeit in dieser fröhlich-karikierenden Weise auf die Spitze. Der einarmige Admiral sitzt oben neben dem Mast, trägt Kopfverband und Zweispitz und prostet mit der Linken den Seinen zu. Links wird wahrscheinlich in einer großen Schüssel Rum gemischt, rechts sieht man einen Matrosen mit einer Art Bocksbeutel, in dem sich wohl Grog befindet.*

rungsfähigkeit besaß. Die Mannschaften sprachen bewundernd von »Nelson's touch« und der Admiral selbst von einer »band of brothers«.

Natürlich konnte man den toten Triumphator nicht in Leinwand hüllen und mit einem Sack Kohlen um die Füße über Bord schmeißen. Ihm, genauer seiner Leiche wurde die besondere Ehre zuteil, nach London gebracht zu werden. Damit der Leichnam die Reise präsentabel überstehen konnte, senkte man ihn in ein Faß und füllte es mit konservierendem Alkohol. Erst an Heiligabend 1805, also gut zwei Monate später, erreichte er die Hauptstadt des Empire. Die Legende weiß noch mehr zu berichten: Ob aus Anhänglichkeit, aus animistischem Totenkult oder aus dem schlichten Bedürfnis nach mehr als der täglichen Ration Rum hätten Matrosen heimlich den

Faßdeckel gelüpft und dann und wann auf Nelson mit seinem eigenen Leichenschnaps angestoßen. Als man nach geraumer Weile in
London anlangte, befand sich der Admiral zwar noch im Faß, sonst
aber nichts mehr.

Leider schweigen die Quellen darüber, wie die 15 000 Trauern-
den, die vom 5. bis zum 7. Januar 1806 am offenen Sarg vorbeizo-
gen, auf die Fahne von Nelsons Leichnam reagierten. Vermutlich
gab es aber gar keine, weil man wohl den Toten mit Essenzen und
Kräutern präpariert hatte.

Einen kleinen Haken hat die schöne Rum-Geschichte. James Pack
streitet kategorisch ab, daß Nelson in Rum eingelegt wurde, und
auch andere bestätigen, es sei Brandy, nicht Rum gewesen. Wahrscheinlich kam das karibische Getränk ins Spiel, weil Nelson direkt
vor der Schlacht von Trafalgar den französischen Admiral Ville-
neuve quer über den Atlantik bis zu den westindischen Inseln verfolgt hatte, wo man neuen Proviant aufnahm. Deshalb fehlt in keinem Buch, das sich mit Rum beschäftigt, der Cocktail »Nelson's
Blood«, der sich der Rumfaß-Legende verdankt. Hier zwei der heute
gängigen Rezepte:

*1.*
*6 cl Pusser's British Navy Rum*
*1,5 cl frischen Limonensaft*
*6 cl Ingwer-Bier*
*eine Limonenscheibe zur Dekoration*
*etwas Eis*

*2.*
*8 cl Pusser's British Navy Rum mit*
*je 8 cl Preiselbeer-, Orangen-, Ananassaft mixen,*
*mit Limettensaft aufgießen,*
*eine Prise Muskat*
*eine Zimtstange zum Umrühren hineinstecken*

Nach dieser die Fantasie beflügelnden Stärkung werden sich die Leser bestimmt gerne mit auf einen Ausflug in die Karibik begeben, wo
der Rum erfunden wurde. Das hängt natürlich erst einmal mit dem

Zuckerrohr zusammen, das dort so exzellent gedeiht, obwohl es in dieser Region gar nicht heimisch war.

Ursprünglich stammt Zuckerrohr wohl aus dem Südpazifik, vielleicht aus Neuguinea, wo es zuerst – schon vor 9000 Jahren – kultiviert wurde. Im Alten Testament ist wahrscheinlich von ihm die Rede, Alexander der Große lernte es auf seinem Feldzug in Indien kennen, wo es 600 Jahre später eine vielfach angebaute und hochgeschätzte Kulturpflanze war. In gut 1000jähriger Wanderschaft kam es nach China und Japan einerseits, andererseits in den Mittelmeerraum und nach Nordafrika, um von dort aus dann auf Wunsch Heinrich des Seefahrers um 1440 auf Madeira eingeführt zu werden. Zu den Kanarischen Inseln war es nicht mehr weit, und dort nahm Kolumbus das Zuckerrohr 1493 auf seiner zweiten Reise an Bord, als hätte er gewußt, daß es auf der von ihm entdeckten Insel Hispaniola ideale Wachstumsbedingungen fände. 1531 brachten es Jesuiten nach Brasilien, 1553 der Conquistador Cortez nach Mexiko, während es sich auf den karibischen Inseln wie von selbst ausbreitete.

Bald brachen süßere Zeiten an für Europa, denn aus dem in Amerika weiter gezüchteten, bis zu 7 m hoch aufschießenden Zuckerrohr ließ sich – dank Sklavenschufterei – das Süßungsmittel bedeutend billiger gewinnen, als es die Produzenten im arabischen oder süditalienischen Raum vermochten. Preiswerter als der traditionelle Honig war es sowieso. Erst als Napoleons Kontinentalsperre die Zuckerimporte aus der Karibik verhinderte, suchte und fand man mit der Zuckerrübe eine günstige Alternative, die das Quasimonopol des südamerikanischen Zuckers brach. Bis dahin aber transportierte man täglich tonnenweise Zuckerhüte von den karibischen Inseln nach Europa.

Bei der Produktion von Zucker fällt in großen Mengen Melasse an, ein klebriger, schwarzbrauner Saft, der etwa 50 % Zucker und 20 % Wasser enthält, sich ausgezeichnet zum Fermentieren und also zur Schnaps-, im Falle von Zuckerrohr zur Rumherstellung eignet.

Man kann sagen, daß der Rum aus der Not, der Überfülle an Melasse Herr werden zu müssen, geboren wurde. Anfangs brachte man in simplen Destillationsanlagen den Grundalkohol auf höhere Prozentzahlen und sagte dem recht kruden, sehr starken Sprit erstaunliche Heilkraft und verderbliche Wirkung nach, die der langlebige Spitzname des Getränks »kill devil«, manchmal auch »devil's death«, bezeugt. Viele Zeitgenossen meinten, der Brand schmecke nicht und tauge nicht viel. Vater Labat, ein französischer Mönch, der 1694 auf die Antillen kam, schrieb:

*Das eau-de-vie, das aus Zuckerrohr hergestellt wird, nennen sie guildhive [eine Verballhornung von »kill devil«]. Die Wilden und die Neger nennen es taffia. Es ist sehr stark und riecht unangenehm, hat auch einen bitteren Geschmack wie eau-de-vie aus Korn, der nicht so leicht vergeht.*

Und Richard Ligon, der 1657 eine Geschichte von Barbados veröffentlichte, beschrieb die Wirkung des Zuckerrohr-Schnapses so:

*Die Leute trinken viel davon, tatsächlich zu viel, denn häufig streckt es sie schlafend zu Boden und das rechnet man zu den sehr ungesunden Dingen.*

Hergestellt wurde »kill devil« im 18. Jahrhundert häufig in den englischen Kolonien Nordamerikas bzw. in den jungen Vereinigten Staaten von Amerika, wohin die Melasse exportiert wurde. England und Frankreich, zu deren Kolonialreichen die karibischen Inseln gehörten, hatten nämlich den Alkoholimport in ihre Staaten untersagt, um die heimischen Betriebe zu schützen. Gleichwohl breiteten sich die Brennereien rasch überall in der Karibik aus, weil es hier genügend Direktabnehmer gab: die Sklaven, die einfache Bevölkerung und vor allem die Seeleute. Ob es die Marineeinheiten, ob es die Kauffahrteischiffe waren oder die Piraten, vor denen die zweiten von den ersten gegen die dritten geschützt werden sollten, alle schworen auf den Zuckerrohrschnaps, der noch den großen Vorteil hatte, als Abfallprodukt wenig zu kosten.

Wie bei anderen Alkoholika gab es schnell neben den Erzeugern der Massenproduktion für Alltagsbedürfnisse einzelne, die sich um Verfeinerung bemühten, den Rum beispielsweise zweimal destillierten, wodurch er einen besseren Geschmack und höheren Alkoholgehalt bekam. Auf Barbados gab es schon Mitte des 17. Jahrhunderts

experimentierfreudige Destillateure, die rühmenswerten Doppel-
brand produzierten – kein Wunder, daß George Washington zu seiner Amtseinführung ein Faß Barbados-Rum bestellte.

Wie aber kam das Getränk zu seinem neuen Namen? Unklar wie
Melasse ist der Ursprung der Bezeichnung Rum, die mal von einem
uralten malayischen Zuckerrohrgetränk namens »brum«, mal von
»rummer«, holländischen Trinkgläsern, die auf Barbados im 17.
Jahrhundert beliebt wurden, mal von der lateinischen Bezeichnung
des Zuckerrohrs »saccharum officinarum«, mal von »Rumbullion«
hergeleitet wird. Rumbullion soll eine Wortmalerei sein, welche die
gewaltige Wirkung, die ein Schluck des hochprozentigen Getränkes
auslöste, beschreibt, sie gleiche einem »rumble«, einem »Rumpeln«.

Klar wie frischer Rum – erst durch die Lagerung und Reifung in
gebrauchten Whisky-, Wein- oder Cognac-Fässern oder durch Zuk-
kerkulör wird er bräunlich – ist dagegen, wie es zu seiner Verbreitung und zur engen Verbindung mit der Seefahrt kam. Meerumflos-
sene Inseln waren es, auf denen der meiste Rum hergestellt wurde, in
deren Häfen Unmengen von Schiffen, die den Rum in die Welt
brachten, anlegten. Es sind Inseln, deren Exotik mit ihrem staat-
lichen Chaos, ihren Piraten, Freibeutern und Bukaniern über Jahrhunderte eine faszinierende Projektionsfläche boten. Schuld sind besonders die selbsternannten Herrscher der Wellen, denn vor allem in
der britischen Marine fand der hochprozentige und also haltbare
Alkohol als Ergänzung oder sogar Ersatz der täglichen Bierrationen,
die im 16. und 17. Jahrhundert an Bord üblich waren, viele Freunde.
1655 erlaubte Admiral Penn seiner Flotte, die Jamaica erobert hatte,
mit dem örtlichen Zuckerrohrschnaps die Bierration zu ersetzen,
eine Entscheidung, die bald auf englischen Schiffen in der Karibik
zur Gewohnheit wurde. 1687, 1692 oder 1731 – die Historiker sind
sich da uneins – bestimmte schließlich His Majesty's Royal Navy
eine halbe Pint Rum, das sind 0,285 l, oder eine Pint Wein zur
Tagesration ihrer Matrosen.

Am 4. August 1740 allerdings änderte sich die Ausgabe von Rum,
weil Admiral Edward Vernon es satt hatte, die üblen Auswirkungen
an Bord hinzunehmen, tranken Matrosen ja oft noch mehr als die
tägliche Ration, zumal im Hafen. Die Folgen waren zuweilen tödlich, wenn die Trunkenen aus der Takelage oder von Bord fielen.

*Nun aber ist es zu offensichtlich, daß das viehische Laster der Trunksucht unter den Marinern im Dienste seiner Majestät wächst, verbunden mit den allerschlimmsten Folgen sowohl für ihre Gesundheit als auch für ihre Moral.*

Mit diesen Worten leitete Admiral Vernon als Kommandeur der Westindischen Flotte einen Schriftsatz ein, mit dem er seine Offiziere und Ärzte anwies, ihm Gegenmittel zu nennen. Er hatte allerdings schon die Lösung darin vorgegeben, die dann am 21. 8. als Befehl die Rumausgabe revolutioniert. Er ordnet an, »die halbe Pint Rum täglich mit einer Quart [1,136 l] Wasser zu vermischen«. Er erlaubte den Matrosen auch großmütig, sich von Brot- und Salzrationen etwas abzusparen, um Zucker und Limonensaft zur Geschmacksverbesserung des Wasser-Rum-Gemischs zu erwerben. Natürlich blieb die eigentliche Dosis an Alkohol die gleiche, doch konnten die Leute den hochprozentigen Rum nicht mehr so hinunterstürzen. Admiral Vernon befahl gleichzeitig eine Art von Ritual der Ausgabe, das für die britische Marine in kürzester Zeit verbindlich wurde:

*Sie [die Offiziere] werden deshalb dringend angewiesen, da Sie ja das ewige wie das zeitliche Wohlergehen seiner Majestät Untertanen zu bedenken und Nüchternheit sowie gute Disziplin aufrechtzuerhalten haben, besonders darauf zu achten, daß Rum nicht mehr für irgendjemanden der Besatzung unter ihrem Befehl pur ausgeschenkt wird, sondern daß die entsprechende tägliche Zuteilung von einer halben Pint pro Mann, die für jeden Offizier und die Schiffsbesatzung gilt, jeden Tag mit einem Anteil von einer Quart Wasser auf jede halbe Pint Rum vermischt wird, und zwar gemischt in einem Trinkwasser-Faß, das speziell dazu dient und an Deck aufgestellt wird, und zwar in Anwesenheit des wachhabenden Leutnants, der darauf besonders zu achten hat, daß die Männer nicht um ihre volle Zuteilung betrogen werden, und wenn es in dieser Weise vermischt ist, soll es ihnen in zwei Zuteilungen täglich ausgegeben werden, die eine zwischen 10 und 12 am Morgen, die andere zwischen 4 und 6 am Nachmittag.*
*Außerdem haben Sie Sorge zu tragen, daß ... kein Rum oder andere geistige Getränke privat an Bord gebracht werden ...*

Weil Admiral Vernon nach seinem notorisch getragenen Mantel aus
»grogram«-Stoff »Old Grogram« und dann verkürzt »Old Grog«
genannt wurde, erhielt erst einmal das Rum-Wasser-Mischgetränk
die Bezeichnung Grog, was später auf viele weitere Spirituosen an
Bord englischer Schiffe angewendet werden konnte.

1756 erhöhte man die Ration auf eine Pint pro Mann und eine
halbe pro Schiffsjunge, weil man vermutete, der Rum könne Skorbut
reduzieren, dabei war es doch der Zitronensaft, der, nach Admiral
Vernons Idee, die Ration häufig zusammen mit Zucker und Limonensaft verfeinerte. Das Getränk sorgte auch dafür, daß die Briten
bei den Amerikanern einen neuen Spitznamen bekamen. Sie nannten
sie »limeys« nach dem Grog mit Limonensaft, der auch so hieß, und
die britischen Schiffe spöttisch »limejuicers«.

Auf den Ur-Grog machte zur Zeit seiner Einführung ein Unter-
gebener von Admiral Vernon das folgende patriotische Gedicht:

*A mightly bowl on deck he drew*
*And filled it to the brink;*
*Such drank the Burford's gallant crew*
*And such the Gods shall drink;*
*The sacred robe which Vernon wore*
*Was drenched within the same;*
*And hence its virtues guard our shore*
*And Grog derives its name.*

*Ein mächtiges Faß an Deck er zog*
*Und füllt es bis zum Rand;*
*So trank der »Burford« tapfre Crew*
*Und so sollten die Götter trinken;*
*Der heilge Rock, den Vernon trug,*
*War innerlich durchsogen auf gleiche Weis;*
*Und seitdem bewachen seine Tugenden unsere Küsten*
*Und der Grog bekam seinen Namen.*

Das Rum-Ritual Admiral Vernons verfeinerte sich bald und hielt
sich seitdem in der Royal Navy über weit mehr als zwei Jahrhunderte. An Bord der Schiffe gab es einen eigenen sogenannten »spirit

room«. Der wurde um sechs Glasen (11 Uhr) aufgeschlossen und ein Rum-Faß in Anwesenheit von Schiffspolizei, dem Schiffssteward und weiteren Offizieren und Unteroffizieren herausgeholt. Der Steward las dann aus einem Buch die Anzahl der Männer vor, die Rum bekommen sollten, und die Menge, die dafür nötig wäre. Der verantwortliche Offizier entfernte nun den Spund und pumpte das entsprechende Quantum in einen Meßbehälter, den ein Fähnrich und ein Unteroffizier hielten. Diese leerten wiederum den Rum in das Fäßchen, in dem die Wasser-Rum-Mischung hergestellt wurde. Das Rumfaß kam zurück in den »spirit room«, der verschlossen wurde. Den Schlüssel deponierte man wieder an dem Haken vor der Kapitänskajüte. Das Fäßchen wurde mit einem Spund verschlossen und aufs Zwischendeck gebracht, wo es bewacht wurde, bis etwa um ein Glasen (12 Uhr 30) ein Hornist das Signal »Cooks for Rum« gab und endlich die Ration ausgegeben wurde.

  Das Fäßchen bekam traditionellerweise eine Aufschrift, die auch als dankbarer Trinkspruch gelesen werden konnte: »The King

*Die tägliche Ration Grog wird 1890 an Bord der »H. M. S. Alexandra« ausgeschenkt*

[Queen] – God Bless Him [Her]«. Um die Versorgung der Marine sichern zu können, wurde Rum in gewaltigen Quantitäten aus der Karibik nach England gebracht und dort in den Docks von Deptford, die heute zu London gehören, in den speziellen »Navy Rum« verwandelt. Dieser Blend wurde wiederum abgefüllt, zum Eigenverbrauch an Bord der Schiffe gebracht oder zu den Marinestützpunkten überall auf der Welt – ein sehr verläßliches und einträgliches Geschäft für die Rumproduzenten der Karibik.

Übrigens blieb die Royal Navy allein mit ihrer Entscheidung für den Rum: die Franzosen halten bis heute den Wein-Rationen an Bord die Treue, und die Holländer schenkten bis ins 18. Jahrhundert auf ihren Schiffen täglich Bier aus, das dann durch Genever-Rationen ersetzt wurde, die 1905 abgeschafft wurden.

Erst in den 60er Jahren des 20. Jahrhunderts wurde die Partei der Rumgegner in der britischen Marine stärker, wollte doch das Trinken – waren auch die Rationen im Laufe der Zeit verringert worden – nicht mehr zum Image und zu den Anforderungen einer hochtechnisierten Seestreitmacht zu passen. Es dauerte allerdings noch bis zum 31. Juli 1970, dem »Black Tot Day«, also dem »Schwarzen Tag für das Schlückchen«, bis tatsächlich die letzte offizielle Rumration an Bord von englischen Kriegsschiffen ausgegeben wurde. Auf nicht wenigen beging man diesen Anlaß mit regelrechten Trauerfeiern.

Ein geschäftstüchtiger Weltumsegler kam wenige Jahre später auf die Idee, der Marineleitung die Namensrechte abzukaufen. Beide Seiten machten ein gutes Geschäft, Charles Tobias vermarktete seinen Verschnitt von sechs karibischen Rumsorten unter dem Namen »Pusser's Navy Rum« äußerst erfolgreich, und die Rentenkasse der Marine wurde durch einen namhaften Beitrag bereichert. »Pusser« kommt übrigens vom »purser«, das ist der Proviantverantwortliche an Bord, der umgangssprachlich »pusser« genannt wurde. »Pusser's Navy Rum« wird noch heute für verschiedenste Cocktails gefordert, natürlich auch für den »Modern Navy Grog«:

*6 cl Pusser's Rum*
*1–2 cl frischen Limettensaft*
*3 cl Orangensaft*
*3 cl Ananassaft*

*3 cl Guavennektar*
*1 Spritzer Falernum (Zuckerrohrlikör aus Barbados)*
*alles gründlich mixen*
*15 Sekunden auf gestoßenem Eis rühren, dann abseihen*

Durch die etwa dreihundertjährige Rum-Tradition der führenden Seenation festigte sich weltweit die unauflösliche Verbindung von Rum und Schiffahrt. Unterstützt wurde sie natürlich genauso durch Karibik-Romantik, Piratenfilme und die Werbung, die sich gerne aus der Schatzkiste dieser Klischees bedient, wobei ihr oft westindische Inseln und Südsee gleichviel gelten. So heißen die Marken »Captain Bligh« (von der Insel St. Vincent), »Captain Morgan« (von Jamaica), »Käptn Comark« (von Norma), und viele Etiketten zeigen Häfen und Schiffe wie »Bounty Rum« (von St. Lucia), »English Harbour Antigua Rum«, »Rhum Blanc Neisson« (von Martinique) oder »Montebello Rhum Blanc« (von Guadeloupe)!

An Land wird der Rum kurioserweise, obwohl es qualitätsvolle Sorten geschmacklich durchaus mit Whisky oder Cognac aufnehmen können, fast ausschließlich in Cocktails oder als Grog und nur sehr, sehr selten pur getrunken. Von seinem Ruf als billiger Tröster der Seeleute und als Piratengesöff kommt er nicht so schnell weg; reiner Rum im Glas ruiniert den Ruf.

Als Grog hält man ihn dagegen für Medizin. Admirals Vernons Matrosen hätten sich sehr gewundert, was unter dem Namen in Deutschland als Erkältungskiller getrunken wurde: Tee oder auch nur heißes Wasser mit einem mehr oder weniger großen Schuß Rum und etwas Zucker, wobei die alte Seebären-Regel von der Waterkant lautet: »Rum muß, Zucker kann, Wasser braucht nicht!« Je mehr Rum man nimmt bzw. je weniger Wasser, um so »nördlicher« ist der Grog. Im Lied vom Grog gibt Klaus Prigge folgendes Rezept zum besten:

*Lütt bet'n heet Woder un recht veel Rum,*
*Denn twee Stück Zucker un denn röhr um,*
*So'n recht bet'n nördlich, so'n recht bet'n stief,*
*Dat regt den Geist di an un warmt dat Lief.*

In Daniel Defoes Roman wärmt dem armen Robinson Crusoe der Rum nicht nur den Leib, er stärkt ihn und rettet ihm später sogar – in Zusammenhang mit grünem Tabak – das Leben. Fern von aller Hilfe auf der einsamen Insel gestrandet, kann er aus dem Schiffswrack allerlei Dinge retten, unter denen Alkohol zu den willkommensten zählt:

*Ich fand auch etwas Rum in der großen Kajüte und tat einen guten Zug, was mir auch sehr not tat zur Stärkung für das, was mir noch bevorstand ... An Getränk fand ich einige Flaschenkisten, die unserm Kapitän gehört hatten, mit etwas Kordialwasser und über fünf oder sechs Gallonen Wein, die ich abseits verstaute, weil sie wasserdicht waren und in den Kisten nicht Raum fanden ... Was mich aber noch mehr freute, war, daß ich ... zu guter Letzt ein großes Oxhoft mit Zwieback, drei ansehnliche Fäßchen mit Rum und Weingeist, eine Büchse mit Zucker und ein Faß mit feinem Mehl entdeckte.*

Als er später von schweren wiederkehrenden Fieberanfällen geplagt wird und völlig verzweifelt, fällt ihm ein Kistchen Tabak ein und daß die Indianer ihn als Heilmittel verwenden:

*Zuerst nahm ich ein Stück Blatt in den Mund und kaute es, wovon mir anfangs das Gehirn ganz dumm wurde, weil der Tabak grün und streng und ich nicht daran gewöhnt war; dann nahm ich mehrere Blätter, tränkte sie ein oder zwei Stunden lang in etwas Rum und beschloß, abends, wenn ich mich hinlegte, eine Dosis davon zu nehmen; und zu guter Letzt verbrannte ich einige in einer Kohlenpfanne und hielt meine Nase dicht darüber ... Nachdem ich mein gebrochenes und verstümmeltes Gebet vollendet, trank ich den Rum, in den ich den Tabak getaucht hatte, wovon er so streng und stark war, daß ich ihn kaum hinunterwürgen konnte. Ich ging dann gleich zu Bett und fühlte augenblicklich, daß der Rum mir gewaltig zu Kopf stieg.*

Tatsächlich heilt das eigenwillige Kombinationspräparat Robinson in kurzer Zeit.

Eine medizinische Wirkung hatte man dem Rum schon zugeschrieben, als er noch »kill devil« hieß, weshalb man ihn gleichfalls
an Bord als Allheilmittel einsetzte. Doch er leistete darüber hinaus
als ein kostengünstiges Universalmittel der Seefahrt unschätzbare
Dienste. Die Grundfunktion von Alkoholika auf See war ja, wie
das Kapitel »The Drunken Sailor« beschreibt, zwiefältig: Sie sollten
das Wasser, das nach wenigen Tagen immer schlechter zu schmecken
begann, ersetzen oder durch Mischung trinkbarer machen, und sie
dienten als beliebte Aufputsch- und Aufwärmmittel, um die Anstrengungen leichter zu ertragen. Ein Bericht von Georg Forster, der
zusammen mit seinem Vater James Cook 1772–1775 auf dessen
zweiter großer Forschungsreise begleitete, beschreibt diese Funktion
anläßlich einer mißlichen Situation, in der sie mit dem Beiboot weit
vom Schiff ab in schlechtes Wetter geraten:

*… und ein Sturm aus Nordwesten mit heftigem Regen losbrach.*
*Wir ruderten deshalb in großer Eile bis an die Einfahrt der Bucht,*
*in der das Schiff vor Anker lag. Wir teilten den Rest einer Rum-*
*flasche mit unseren Leuten, um ihnen Mut zu machen, denn von*
*hier bis zum Schiff war noch das schwerste Stück Arbeit zu tun.*

Wie hier bekamen Seeleute, die gefährliche oder schwierige Dienste
erfüllt hatten, regelmäßig eine Extra-Ration. Nicht nur auf Schiffen
der englischen Marine bürgerte sich der Ruf »splice the main brace«
als geflügeltes Wort für eine Verdoppelung der Rum-Zuteilung oder
für eine Sonderration ein, weil das Spleißen, also das haltbare Wie-
derverknüpfen, der gerissenen Großbrasse eine sehr komplizierte
und verantwortungsvolle Tätigkeit war, die besonders belohnt wurde. Andere meinen zwar, der Ausdruck komme daher, daß die Großbrasse sowieso nie gespleißt, sondern ersetzt wurde, wenn sie beschädigt war, und genauso selten waren, vor allem auf Kauffahrteischiffen, die aufmunternden Alkoholgaben. Auf deutschen Schiffen hieß es auch »Grog ho«, wenn die Leute nach hartem Dienst
einen Schluck Rum bekamen.

Extra-Rumrationen gab es natürlich auch vor einer Schlacht, um
Ängste zu vertreiben und den Mut zu stärken, nach einer Flotten-
Inspektion und an Feiertagen wie Königs Geburtstag oder Weih-

nachten. Wiederum schildert Georg Forster eine Verhaltensweise, die wohl als typisch im Umgang mit dem Rum oder dem Branntwein an Bord gelten kann: Die Matrosen teilten sich die offizielle Tagesration noch einmal ein und hoben einen Teil davon auf, um sich an den Festtagen richtig betrinken zu können.

Weil sie ihnen so wichtig waren, bildeten sich unter Matrosen für verschiedene Trinkrituale und Rummengen Spezialbegriffe. Als freundliche Geste bot einer dem anderen schon mal einen »sipper« an, das war ein Schlückchen nur. Vertiefte sich die Freundschaft oder der Rausch, lud man vielleicht schon zu einen »gulper« ein, also zu einem – aber auch wirklich nur einem – großen Schluck. Ein »sandy bottom« bedeutete, daß der andere austrinken durfte, was noch im Trinkgefäß war, ein »see-it-offer« erlaubte, einen Krug ganz auszutrinken. Es gab sogar Umrechnungsformeln, die »The framework of Hospitality« regelte: drei »sippers« galten so viel wie ein »gulp« und drei »gulps« so viel wie ein »tot«. Ein gewaltiges Saufgelage nannte man in Nelsons Tagen »Bob's-a-dying«.

Man wußte aber auch um die beruhigende Wirkung des Rums, so daß er bei angespannter Atmosphäre, Unzufriedenheit oder der Gefahr von Meuterei ausgeschenkt wurde, um die Gemüter abzulenken, aufzuheitern oder einzulullen. Schon 1820 schrieb Lord Byron in seinem *Don Juan:*

> There's nought, no doubt, so much the spirit calms
> As rum and true religion.

> Da ist nichts, kein Zweifel, das so den Geist beruhigt
> wie Rum und wahre Religion.

Zum Konservieren eignete sich der hochprozentige Rum natürlich genauso gut wie zum Desinfizieren und schließlich, aus unzähligen Filmen bekannt und tatsächlich gängige Praxis, zum Betäuben bei Operationen. Im Notfall konnte man ihn schließlich als Brennmaterial oder gar zum Säubern verwenden.

Das hätten Piraten, wie sie im Buche stehen, freilich nur im äußersten Notfall getan und dann nur, um den Rachen damit zu putzen. Niemand sonst wird so unauflöslich mit Rum in Verbindung ge-

bracht wie sie. In unzähligen Filmen und Büchern tritt unfehlbar mit
dem Piraten der Rum auf; ebenso in der Werbung. Die Markenna-
men »Old Brigand« auf Barbados, »Blackbeard Rum« auf St. Maar-
ten, »Captain Morgan« auf Jamaica, »Pyrat XO Reserve Rum« auf
Anguilla und »Buccaneer Rum« auf St. Lucia sind nur ein weiterer
Beweis.

Eins der erfolgreichsten und wirkungsvollsten Bücher, in denen
Piraten vorkommen, war zweifellos Robert Louis Stevensons Roman *Die Schatzinsel*. Gleich zu Beginn macht Billy Bones den Gast-
leuten des »Admiral Benbow« klar, was für einen Piraten an Land
notwendig ist: »Ich bin ein einfacher Mann; Rum und Schinken und
Eier, das ist's, was ich haben will, und den Landvorsprung drüben da
zum Schiffebekucken.« Das hört sich genügsam an, doch die Eier,
der Schinken, der Landvorsprung zählen nichts gegenüber dem
Rum, den der alte Fahrensmann in sich hineinkippt, und danach
singt er gern sein unheimliches Lied:

*Fifteen men on the dead man's chest,*
*Yo-ho-ho and a bottle of rum!*
*Drink and the devil had done for the rest*
*Yo-ho-ho and a bottle of rum!*

*Fünfzehn Mann auf des toten Mannes Kiste –*
*Jo-ho-ho, und 'ne Buddel voll Rum!*
*Suff und der Teufel strichen den Rest von der Liste –*
*Jo-ho-ho, und 'ne Buddel voll Rum!*

Verängstigend wirkt Billy Bones auf alle, einzig der unerschrockene
Dr. Livesey reagiert auf einen drohenden Fluch des Piraten kaltblü-
tig:

*Ich habe Euch nur ein einziges zu sagen, Sir, daß nämlich, wenn*
*Ihr mit dem Rumtrinken fortfahrt, die Welt bald einen ausgespro-*
*chen dreckigen Halunken los sein wird!*

Tatsächlich, Billy Bones letzte Worte vor seinem Schlaganfall sind:
»Rum. Ich muß hier weg. Rum! Rum!« Und kurz vor seinem Tod

schwingt er sich in seiner todbringenden Gier nach ihm zu einer Hymne an den Rum auf:

*Ich bin an Orten gewesen, so heiß wie Pech, und rundum fielen die Kameraden vonner gelben Flagge um, und das vermaledeite Land sich am Heben und am Senken wie's Meer vor lauter Erdbeben – was weiß der Doktor schon von Ländern wie dem? –, und ich lebte vom Rum allein, das sag ich dir. Der war mir Fleisch und Trank und Mann und Frau; und wenn ich jetzt meinen Rum nicht kriegen soll, dann bin ich ein armer abgetakelter Kasten an 'ner Leeküste, mein Blut wird über dich kommen, Jim, und über den Waschlappen von Doktor da.*

Natürlich muß er sterben, am ruchlosen Leben, am Schrecken, am Rum.

Die Schatzinsel steht nicht am Anfang des Klischees vom Rum liebenden Piraten. Stevenson hatte sich bei vielen anderen Büchern bedient, die gerade die Trunksucht der Seeräuber besonders grell gezeichnet hatten. Washington Irving, James Fenimore Cooper und Edgar Allan Poe boten die wichtigsten Motive: vergrabene Schätze, geheimnisvolle Karten, bedrohliche, saufende Ex-Seeräuber und dazu reichlich unheimliche Atmosphäre.

Piraten gibt es, seit es die Seefahrt gibt. Das Wort kommt aus dem Griechischen, wo »peiran« soviel wie »versuchen, angreifen, überfallen« heißt und bald in der Form »pirata« zu einem Spezialwort für den Seeräuber wurde, der im Mittelmeer den Handel immer wieder lahmlegte. Schon damals konnte man schwer entscheiden, ob es sich dabei um Gesetzlose oder um Kriegsgegner handelte; ein Problem, das sich durch die Geschichte zieht, wie der berühmte königliche Kaperkapitän Sir Francis Drake im 16. oder sogar noch im 20. Jahrhundert der im Auftrag der deutschen Marine freibeuternde Felix Graf von Luckner beweisen. Piraten fuhren durch das chinesische Meer, durch die Inselwelt Indonesiens, sie enterten Schiffe vor der nord- wie der südamerikanischen Küste, sie trieben um Afrika und Indien ihr Unwesen und machten nicht nur den Atlantik, den Pazifik oder das Mittelmeer, sondern sogar die Nord- und die Ostsee unsicher. Einer der ersten Piraten von dauerhaftem Ruhm

war Klaus Störtebeker, den man auch »Claus Stürz den Becher«
nannte.

Angeblich hieß er so, weil er Gefangene zwang, einen Riesenhumpen, in den vier Flaschen hineingingen, auszutrinken, ohne abzusetzen. Wem es nicht gelang, den Wein oder das Bier – die Quellen
sind sich in dem Punkt uneins – hinunterzubringen, wurde umgebracht. Störtebekers Schiff wurde 1401 von der »Bunten Kuh« besiegt, er selbst in Hamburg enthauptet.

*Porträt von Claus Stürz den Becher von Daniel Hopfer (um 1470–1536)*

Zu einer beliebten Projektionsfläche wurden die heimlichen Herren der Meere, ob sie nun Bukaniere, Flibustier, Korsaren, Freibeuter, Kaperkapitäne, Piraten, Seeräuber genannt wurden, aber erst im 17. Jahrhundert.

Weil man wenig von ihnen wußte und viel zu befürchten hatte, wirkten zwei Bücher, die von Ex-Piraten geschrieben wurden, um so sensationeller: Alexandre Olivier Exquemelins *Piratenbuch von 1678* und William Dampiers *Freibeuter* (1697). Zusammen mit Daniel Defoes *Eine allgemeine Geschichte der Piraten* (1724–1728), deren zwei Bände zu einem großen Teil auf Gerichtsakten, eigenen Schiffserfahrungen, Gesprächen mit Seefahrern und reichlich Phan-

*Standbild zu dem Film »Anne of the Indies« von 1951. Anne Providence (Jean Peters) und Blackbeard (Thomas Gomez) genehmigen sich einen Schluck Rum*

tasie beruhen, bilden sie die besten und am häufigsten geplünderten Quellen des Seeräuberwesens. Da alle drei Werke, deren Wirkung über Jahrhunderte anhielt, der damals besonders dreisten Piraterie in der Karibik größten Raum gewährten, konnten sie *dem* Klischeekomplex für Seeräuber überhaupt Vorschub leisten: Karibik – Rum – Piraten.

Tatsächlich herrschten seit dem 16. bis weit ins 17. Jahrhundert in dieser Weltgegend oft Anarchie, bürgerkriegsähnliche Zustände und offene oder nicht erklärte Kriege zwischen Spanien, England, Frankreich und Holland. Das daraus resultierende Machtvakuum bedeutete zusammen mit den über hundert Inseln auf den gut 1,5 Millionen Quadratkilometern der Karibischen See ideale Bedingungen für Kaperkapitäne und Piraten.

Das allein hätte aber wohl nicht genügt, um einen Mythos zu schaffen. Dampier, Exquemelin und vor allem Defoe mischten in die Fakten Fiktionen, um ihr Publikum zu fesseln, und so verdanken einige der berühmtesten Piraten ihren Ruhm der phantasievollen Ausschmückung ihrer Taten, wenn sie nicht sogar vollkommen frei erfunden waren. Defoe hatte beispielsweise aus dem eher durchschnittlichen Piraten Edward Teach (um 1680–1718) eine Ausgeburt der Hölle gemacht, den amoralischen, brutalen und trinkfesten Blackbeard.

Bei Defoe, Dampier und Exquemelin spielt der Alkoholexzeß allerdings eher eine Nebenrolle, die Gewalttätigkeit, die Tollkühnheit, die Exotik und das Leben außerhalb des Gesetzes – zwischen Anarchie und Protokommunismus – standen im Mittelpunkt. Als die Bedrohung durch die Seeräuberei im 18. Jahrhundert geringer wurde, wuchs ihr Faszinationspotential kontinuierlich, und seit dem 19. Jahrhundert kennt ihre Romantisierung, ihre Verteufelung und ihre Verspottung keine Grenzen mehr.

Natürlich tranken Piraten, wie alle Seeleute, Alkohol, aber es blieb, wie für ihre Kollegen auch, überlebenswichtig, nüchtern genug zu bleiben, um sich und ihr Schiff nicht zu gefährden. In Bordregeln von Piratenschiffen, die alle beschwören mußten, den so genannten Schiffsartikeln, wird deshalb zuweilen der Alkoholkonsum ausdrücklich beschränkt. Die »Charta« des Korsaren J. Thomas Dulaien, die von 53 Mann unterzeichnet wurde, bestimmt:

*Artikel 4: Derjenige – die Offiziere eingeschlossen –, der so voll des süßen Weines an Bord ist und der den Verstand verliert, wird an ein Geschütz gebunden und erhält von jedem von uns einen Schlag mit der Schlagleine.*

Kapitän Misson, ein Pirat aus der Provence, verbot seinen Leuten das Fluchen an Bord, und Trunkenheit auf hoher See wurde mit drei oder vier Stockhieben bestraft. Der walisische Seeräuber Bartholomew (eigentlich John) Roberts (um 1682–1722) wurde gar »der Abstinenzler« genannt, weil er so oft Tee und so selten Alkohol trank. Seine Besatzung nahm sich dummerweise kein Beispiel an ihm. Am 10. 2. 1722 gelang es der »Swallow«, einem britischen Kriegsschiff, die Piraten zu stellen, weil sie zum größten Teil noch vom Vortag, als man eine fette Beute gefeiert hatte, betrunken waren. Der Versuch zu entkommen scheiterte, eine Breitseite auf die »Royal Fortune« tötete zahlreiche Piraten und auch Roberts. Seine Leiche wurde, wie er es von seinen Mannen gefordert hatte, über Bord geworfen, damit sie nicht an den Pranger gestellt werden konnte.

Das Klischee vom Zechgelage nach jeder erfolgreichen Enteraktion kann sich also auf Quellen stützen. Doch auch das ist nicht spezifisch für Piraten, denn auf allen Schiffen war es üblich, nach großen Anstrengungen Extrarationen auszugeben. Ebenso selbstverständlich war es, daß ohne Alkohol an Bord die Stimmung schlechter wurde. Der Pirat Woodes Rogers (1679–1732) sprach eine allgemeine Überzeugung der Zeit aus, als er meinte: »Für die Seeleute ist guter Alkohol wichtiger als angemessene Bekleidung.« Sein Kollege John Clipperton (?–1722) erlebte die Folgen von Alkoholmangel, als er sich mit George Shelvocke (1690–1728) und zwei Schiffen auf Kaperfahrt befand. Nach einem Streit trennten sich die beiden Kapitäne, doch Shelvocke fuhr mit den gemeinsamen Alkoholvorräten an Bord davon. Ein Offizier Clippertons schrieb über die lange Fahrt ohne Rum: »Noch mit ihren letzten Atemzügen verfluchten die Männer unentwegt Kapitän Shelvocke, weil er mit ihrem Alkohol abgehauen war.«

Daniel Defoe steigerte die Alkohol-Frage zu einer der Angriffslust und der Immoralität, die offenbar nur durch konstanten Rum-Pegel aufrechterhalten werden konnten. So läßt er den von ihm zum Erzpiraten stilisierten Blackbeard ins seeräuberisch formulierte Tagebuch schreiben:

*Was für ein Tag – Rum ist alle: – unsere Bande arg nüchtern: – eine verdammte Verwirrung unter uns! Die Schurken hecken was aus; großes Gequatsche von Trennung – Deshalb suchte ich heftig nach einer Prise; – was für ein Tag, ich nahm ein [Schiff] mit einer gewaltigen Menge Alkohol an Bord, bekam damit die Bande wieder heiß, verdammt heiß, dann ging alles wieder bestens.*

Von einigen Piraten ist verbürgt, daß sie schwer tranken, so der berüchtigte Eroberer Panamas und spätere Vize-Gouverneur von Jamaica, Sir Henry Morgan. Als er von seinen Ämtern zurückgetreten war, soll er sich oft in Schenken aufgehalten haben, wo er, wie Billy Bones in der *Schatzinsel,* ebensoviel trank wie fluchte. Doch maßlose Säufer wie John Clipperton, der bei Angriffen nicht selten fast besinnungslos in seiner Kajüte krakeelte, oder John Rackham, der von

*Henry Morgan*

seinen Kumpaninnen Anne Bonney und Mary Read beschimpft wurde, weil sein Rausch zur praktisch kampflosen Gefangennahme geführt hatte, waren die Ausnahme.

In einem Punkt war der Rum für die Piraten unverzichtbar: Er sorgte für regelmäßige Neuzugänge. So beklagte sich Admiral Vernon in einem Brief an die Admiralität vom 5. 9. 1742 heftig über die hohe Zahl von Desertionen:

*Viel Arbeit und wenig Zimmerleute, sie zu erledigen, das ist ein Thema, das ich Ihrer Lordschaft gegenüber häufig erwähnte, und dazu die gewaltige Verringerung unserer Seeleute durch Tod oder Desertion; nicht weniger als fünfhundert sind, seit ich im Amt bin, aus dem Hospital in Port Royal desertiert, die alle, wie ich glaube, aus ihm herausgelockt wurden mittels der Versuchung durch hohe Heuern und dreißig Gallonen Rum und heimfuhren*

*mit den Handelsschiffen Richtung Heimat, und sie wurden im all-*
*gemeinen aus den Punschhäusern, wo sie dazu verleitet wurden,*
*betrunken an Bord ihrer Schiffe gebracht.*

Da in der englischen Marine unzählige Matrosen und Marinesoldaten gezwungen Dienst taten, überrascht die massenhafte Desertion
genauso wenig wie die verbreitete Sucht, Rum, Grog, Punsch in großen Mengen zu trinken, bis man alles um sich herum und das strikte
Reglement vergaß. In Port Royal gab es schon 1680 bei weniger als
3000 Einwohnern mehr als 100 Schenken. Kein Wunder, daß nicht
selten Marinesoldaten oder Matrosen aus ihrem Rumrausch in
gänzlich anderen Lebensumständen aufwachten. Manchmal hatten
sie die Ausgangszeiten so weit überschritten, daß sie als Deserteure
galten und sich lieber versteckten, manchmal wurden sie gleich
schanghait. In beiden Fällen war die Wahrscheinlichkeit groß, Buka-
nier oder Pirat zu werden. Entlaufene Sklaven und Glücksritter aus
Europa kamen als weitere Verstärkung hinzu, so daß es den Seeräu-
berschiffen nie an Leuten mangelte. Jahrzehnte dauerte es und be-
durfte ungewöhnlicher Maßnahmen wie der Ernennung des Seeräu-
bers Henry Morgan zum Leiter der Anti-Seeräuberaktionen, bis die
Karibische See wieder ein vergleichsweise sicheres Gewässer wurde.

Zweifellos war der ständig betrunkene, ewig fluchende, stets toll-
kühne Seeräuber mit Augenklappe, Kopftuch, Ohrring und Säbel
eine Erfindung des bürgerlichen Zeitalters, das in ihm das genaue
Gegenbild all seiner Tugenden und seiner Beschränkungen sah. Doch
daß Rum Alltagsgetränk der damaligen Piraten war, liegt auf der
Hand und ebenso, daß aus diesem Grund dem Rum, vor allem in pu-
rer Form, an Land ein übler Ruf anhing; selbst Karibik-Romantik
und Cocktail-Boom haben daran wenig geändert.

Dabei lohnt es sich, einmal einen sieben Jahre gereiften kubani-
schen »Liberación« oder einen der anderen fünf Dutzend Rums, die
es in Deutschland gibt, in Reinform zu probieren. Ob weiß, ob
braun, ihr Reichtum an Geschmacksvarianten kommt durchaus dem
der Whiskys gleich. Bei der Auswahl hilft übrigens eine alte karibische Redensart: »You want to know which Caribbean rum is the
best? Whichever one is in my glass.« (»Sie wollen wissen, welcher
karibische Rum der beste ist? Immer der, der in meinem Glas ist.«)

# Käpt'n Blaubär am Ruder

*Was für eine Rolle spielt der Alkohol heute an Bord*

UNTER DEN BERÜHMTESTEN SCHIFFEN gibt es viele, die erst ihr Untergang unsterblich machte: die »Titanic«, die »Lusitania« und auch die »Exxon Valdez«. Sie lief am 24. 3. 1989, 0:04 Uhr im Prince-William-Sund auf Grund, schlug leck, ging unter und verlor rund 40 000 t Rohöl. Vom Ölverlust war dieser Tankerunfall keineswegs der größte, doch richtete er besonders viel Schaden an. Die Havarie geschah nämlich mitten in einem Naturschutzgebiet, und ihre Folgen wirkten sich dort sehr lange aus, weil die Abbauprozesse in den kalten Gewässern Alaskas sehr langsam ablaufen. Inzwischen umgetauft in »Sea River Mediterranean« fährt der reparierte Tanker noch heute (Februar 2004) auf der Route Japan – Arabischer Golf hin und her. Der Prozeß, der die Schuldfrage klären und die Entschädigung regeln soll, ist noch immer nicht abgeschlossen. Für die Medien allerdings stand kurz nach dem Unfall fest, daß Kapitän Joseph Hazelwood zum Unfallzeitpunkt betrunken gewesen war und deshalb für das Auflaufen auf dem Bligh-Riff verantwortlich; zweifelsfrei erwiesen ist, daß er eine Entziehungskur hinter sich hatte.

Ein Gericht sprach Hazelwood später von dem Vorwurf der Trunkenheit frei und kassierte sein Patent nur für die Dauer von neun Monaten. Die einfache Wahrheit vom versoffenen Tanker-Kapitän hielt sich gleichwohl bis heute, da die tatsächlichen Gründe vielfältiger, komplizierter und weniger medienwirksam darstellbar waren. Außerdem bot sich der Mythos vom »drunken sailor« auch in diesem Fall als populärer Aufhänger an. Schließlich konnte man die Katastrophe der »Exxon Valdez« zu einer Kampagne gegen die mangelnde Sicherheit von Tankschiffen überhaupt nutzen, bei der die Risiken, zu denen Alkohol am Steuer gehört, mit tiefdüsteren Farben gemalt wurden. Der Erfolg gab »Greenpeace« und anderen

Umweltaktivisten Recht, denn damals gelang es, ein langfristig angelegtes Verbot einwandiger Tanker durchzusetzen. Ein internationales Verbot von Alkohol am Steuer aber nicht!

Cocktail-Rezept »Exxon Valdez«

*4 T Sherry*
*1 T Rum*
*1/2 T Blue Curaçao*
*1/2 T Grenadine*

*Im Shaker alles mit Eis mixen, in ein mattgeschliffenes Glas abfüllen, für den Effekt mit einem Tropfen Speiseöl verzieren*

Obwohl kein Jahr ohne schreckliche Schiffsunfälle vergeht, die von betrunkenen Besatzungsmitgliedern – vor allem von Offizieren – verursacht werden, obwohl null Promille für Flugkapitäne in allen Ländern Vorschrift ist, gibt es für Seeleute keine internationale Regelung zum Alkohol am Steuer, und selbst die nationalen Gesetze schrecken kaum jemanden ab.

So kann beispielsweise in Deutschland die Wasserschutzpolizei einem Kapitän, selbst wenn er absolut fahruntüchtig ist, d. h. über 1,09 Promille Alkohol im Blut hat, nicht das Patent abnehmen, sondern lediglich ein Weiterfahrverbot aussprechen. Bei Gesprächen mit der Wasserschutzpolizei Hamburg erfuhr ich, daß diese Werte nicht selten noch übertroffen werden: Im Jahr 2000 meldete ein Motorschiff Grundberührung, der Kapitän hatte 1,72 Promille; ein Jahr später beschädigte ein Motorschiff die Kaianlagen im Hamburger Hafen, der Kapitän hatte 1,51 Promille; 2002 wurde ein Motorschiffsführer mit 2,58 Promille erwischt, und ein Binnentankerkapitän fuhr mit rekordverdächtigen 2,98 Promille. 2004 schließlich kollidierte der Chemietanker »Ena II« mit dem Containerfrachter »Pudong Senator«, schlug leck und kenterte. Mehr als die Hälfte der 960 t Schwefelsäure flossen ins Hamburger Hafenbecken. Der Kapitän hatte 2,1 Promille, ein Wert, bei dem Nichtalkoholiker in der Regel volltrunken sind. Zwar droht ihm ein zeitweiliger Patentverlust, aber nur weil er einen Unfall verursachte. Bis 1,09 Promille

begeht ein einwandfrei fahrender Kapitän lediglich eine Ordnungs-
widrigkeit; zeigt er allerdings Ausfallerscheinungen, kann das als
Straftat bewertet werden, gefährdet er jemanden, muß er schon ab
0,3 Promille mit einer Anzeige rechnen. Sein Patent ist nicht in Gefahr, solange er keinen Unfall verursacht. Das alles gilt aber nur für
deutsche Schiffe und Kapitäne. Als in Bremerhaven ein Lotse bei
dem ukrainischen Schiffsführer des Containerschiffs »Robert« Al-
koholwirkungen festgestellt und ihn angezeigt hatte, bekam der
Betrunkene (2,4 Promille!) für ein Jahr Fahrverbot in Deutschland:
jedoch nur für Autos, nicht für sein Schiff!

Das Seesicherheitsuntersuchungsgesetz bestimmt, daß ein Kapitän, der keinen Unfall verursacht, von den Seeämtern nicht belangt
werden darf. Dabei liegt es auf der Hand, daß bei Schiffsunfällen
leicht mit tausend- oder gar hunderttausendmal größeren Gefahren
und wesentlich schlimmeren Folgen gerechnet werden muß als bei
Autounfällen. Die Tradition und das Internationale Seerecht sind offensichtlich zu stark und zu schwerfällig, um daran endlich etwas zu
ändern.

Man könnte sich damit trösten, daß Seebären vielleicht einfach
mehr vertragen. Um das herauszufinden, machte man am Institut für
Rechtsmedizin in Kiel die Probe aufs Exempel und ließ 21 erfahrene
Kapitäne erst Alkohol trinken und dann im Simulator ein Schiff
steuern. Schon bei 1,0 Promille wurden »erhebliche Leistungsein-
schränkungen« festgestellt. In allen Bereichen hatten sich die nautischen Leistungen deutlich verschlechtert. Vorausschau, Situations-
analyse, Konzentration, Navigation, Sorgfalt und Risikobereitschaft
betraf das besonders. Aber auch das Erkennen und Differenzieren
der farbigen Seezeichen litt gewaltig, so daß keiner sein Schiff mehr
sicher steuern konnte.

Obschon die Seeämter immer mehr Alkoholfahrten auf den See-
schiffahrtsstraßen verzeichnen, wundert man sich, warum nicht
noch wesentlich öfter von Unfällen wegen Trunkenheit zu lesen ist.
Tatsächlich sind die Zahlen, verglichen mit der Verkehrsdichte, recht
gering. Bei 15 000 anmeldepflichtigen Schiffsbewegungen der Be-
rufsschiffahrt allein auf der Unterelbe gibt es nur etwa ein halbes
Dutzend Alkoholauffälligkeiten bei See- oder Binnenschiffen. Fast
immer haben die Beamten von der Wasserschutzpolizei dabei keine

Probleme mit großen Fähr-, Fracht- oder Containerschiffen, sondern mit kleineren Fahrzeugen, vor allem solchen, bei denen der Eigner gleichzeitig der Kapitän ist. Denn die größeren Reedereien gehen – auch aus Versicherungsgründen – immer stärker zu eigenen Alkoholkontrollen und -bestimmungen über, manche verbieten Alkohol an Bord sogar gleich ganz.

Noch vor zwanzig Jahren sah es anders aus auf vielen Schiffen, weil die Besatzungen größer, sprachlich homogen und die Liegezeiten länger waren. Die ausgeprägte Gesellschaft an Bord sorgte für einen Ausgleich für die harte Arbeit. Besonders gut belegt sind die Bräuche dabei für DDR-Frachter, denn der Kulturwissenschaftler Wolfgang Steusloff, der selbst lange Zeit zur See fuhr, befragte viele ostdeutsche Seeleute. Schon die Tatsache, daß man sich auf einem Schiff – im Gegensatz zu den Jobs an Land – nach der Arbeit nicht trennt, bot Gelegenheit für ein »Feierabendbier«, das oft noch in der »Schwarz- bwz. Schweinsmesse«, also in Arbeitskleidung, getrunken wurde. Begleitende Riten wie das »Nummerntrinken« – wer die höchste Seriennummer auf der Flasche hat, bezahlt die Runde(n) – oder das »Ausnageln« – der vorletzte Schläger, bevor der Nagel verschwunden ist, bezahlt – unterscheiden sich nicht sehr von ähnlichen Gebräuchen bei Bauarbeitern oder Handwerkern. Auch »Strafkisten«, die auszugeben sind, wenn jemand einen Fehler begangen (Stromausfall verursacht, Farbe verschüttet) oder gegen Bordsitten verstoßen (Werkzeug liegen gelassen) hat, kennt man von Handwerkern. Überhaupt glich der Alltag an Bord durchaus dem vieler Landbewohner mehr, als sich das viele vorstellen. So beschreibt Maschinenassistent Mario Gurlt in seinem Reisetagebuch (1989–90) einen ganz normalen Tag:

> *Aber so langsam gewöhne ich mich an den Job. 8–12.00 Dienst, dann schön Mittagessen in aller Ruhe. Auf Kammer, Feierabendbier, 1, 2 … Stoni dazu, eine Pfeife, Tischtennis mit 4-Wächter, Lesen, Abendbrot, kurz abnicken bis ½ 8, 20–24 Wache. Duschen, Feierabendbier, Stoni, Lesen, 1.30 an der Matte horchen.*

Selbst größere Feste nach der Arbeit verliefen so, wie sie ähnlich in einer KFZ-Werkstatt oder auf dem Bau stattgefunden haben könnten. Auf der »MS Blankenburg«, die auf Mittelamerikareise vor den Bahamas lag, notierte ein Besatzungsmitglied am 14. 10. 1987:

*Und dann ging ein sagenhafter Feierabendbierabend an, die erste Kiste ging auf Schubies Rechnung, die zweite kam auf Kr., die dritte auf Kö. Und die vierte auf Gurri ... Um 21 Uhr löste sich unsere Fete auf, wir räumten taumelnd das Leergut weg, fegten die Kronenverschlüsse vom Fußboden und begaben uns heimwärts.*

Was da getrunken wird, tauften die Seeleute gerne mit Spezialnamen, die oft einen Bezug zu ihrem Bordalltag hatten: Mineralwasser hieß »Verdünnung«, scharfe Sachen mit wenig »Verdünnung« nannte man »starke Dröhnung«, »Blitzbowle« eine »Bowle ohne Mineralwasser, mit wenig Wein, viel Schnaps und – recht übertrieben – blitzartiger Wirkung«. »Hafenbrühe« war der Spottname für Rostocker Bier der Sorte »Hafenbräu«, »Webs« die Bezeichnung für Weinbrandverschnitt der Sorte Weinblattsiegel, der auch als WBS bekannt war. »Blauer Würger« hieß Wodka der Marke »Kristall« mit blauem Etikett von der Firma »Anker«, den man manchmal auch »Doppelwürger« nannte. »Blinki« war Trinkbranntweinverschnitt der Marke »Blinkfeuer«. Hatte man zuviel von »starker Dröhnung«, »Blitzbowle«, »Hafenbräu« und »Doppelwürger«, kam es naturgemäß zu einem heftigen »overflow«, womit eigentlich das Überlaufen von Tanks bezeichnet wird.

Schlecht werden könnte es einem schon, sieht man, welche Trinkgefäße bei den »Lumpenbällen« an Bord benutzt wurden, die so hießen, weil man sich aus allerlei Überflüssigem Kostüme zurechtschneiderte.

Das Hineinsteigen in den Festraum durch das Feuerschott wurde durch ein Klo oder eine Bettpfanne, woraus man merkwürdige Mixgetränke zu sich nehmen mußte, erschwert. Erst nach einem Schluck aus dem Ekelgefäß durfte man in den Raum. Ein typisches Männerritual waren auch die »Tropenfeste«, bei denen man sich, befand sich das Schiff in heißen Regionen, in einer Kammer bei ausgeschalteter Klimaanlage und geschlossenen Bullaugen in Winterkleidung einfand, um gemeinsam und synchron Bier und Schnaps zu trinken:

*Lumpenball auf der »MS Bernburg«. Einstieg durch die Luke im Feuerschott und Begrü-ßungsschluck aus Ekelgefäßen, hier aus einer Bettpfanne. Sammlung Wolfgang Steusloff*

wer zuerst aufgab, aufs Klo mußte oder ähnliches, hatte zu zahlen. Ein weiteres Ritual hieß, »den D 411 abfahren lassen«. Dabei setzten sich die Matrosen hintereinander auf Bierkästen und öffneten das erste Bier; um 10 Uhr 00 ging es los, um 10 Uhr 15 überprüfte man, wer am wenigstens getrunken hatte, denn der mußte zahlen.

Mehr und Höherprozentiges tranken offenbar die Fischer, die bis heute einer extrem harten Arbeit auf See nachgehen. Vor allem das Einholen der Netze, die langen ununterbrochenen Arbeitszeiten, auf Fabrikschiffen das Schlachten im Akkord und die schnell erschöpften Ablenkungsmöglichkeiten an Bord machen das Trinken zum Entlastungsritual. Teilnahms- und eindrucksvoll beschreibt der Reporter Landolf Scherzer in seinem Buch *Fänger und Gefangene* die im doppelten Sinne mörderische Tätigkeit auf einem Fabrikschiff der DDR, bei der man in Fischfleisch und Blut watet. Er selbst fährt nicht als Journalist mit, sondern verdingt sich als Schlächter. Die erfahrenen Leute an Bord raten ihm, ein gutes Dutzend Flaschen Hochprozentiges für 100 Tage Fahrt mitzunehmen. Zwar ist privater Schnaps an Bord verboten, doch hält sich praktisch keiner daran, weil die offizielle Ration nicht ausreicht: sechs Flaschen Bier pro Woche sowie zwei Flaschen Wein und eine Flasche Schnaps im Monat. Viele seiner Kameraden setzen als Ersatz Brot- und Reiswein an. Der physisch und psychisch völlig ausgelaugte Landolf Scherzer erfährt nach sechs Stunden Fischschlachten, wie wichtig der Klare ist:

*Einen Korn zur Beruhigung, denke ich. Einen Schluck nur. Der warme Schnaps brennt nicht, er ist süffig wie süßer Wein und erfrischend wie Limonade.*

*Einen Daumenbreit und noch einen Daumenbreit. Bis zum oberen Rand vom Etikett.*

*Ich fühle mich stark und munter, doch dann muß ich den Kopf auf die Tischplatte legen.*

*Vielleicht wird mir besser, wenn ich noch einen Daumenbreit trinke.*

*Als ich die Flasche absetze, schauen mich unter der Back zwei blaue Augen aus einem Fischgesicht an. Strahlend blaue Augen zwischen grün leuchtenden Schuppen. Der Fisch schlägt verzweifelt mit der Schwanzflosse.*

Oft trinkt die Besatzung natürlich zusammen und erzählt dabei von anderen Trinkgelagen:

*Ich muß an unsere Abteilungsfeier auf der Überfahrt nach Labrador denken. Wir hatten Toilettenpapier als Girlanden in der Messe gespannt, bunte Glühbirnen dazwischengehängt. Auf der vordersten Back stand der Riesentopf Bowle aus fünf Flaschen Schnaps, zehn Flaschen Wermut, zehn Flaschen Weißwein und fünfzig Flaschen Bier.*

Eine andere Bowle ist dagegen etwas raffinierter, denn in den 50-Liter-Kochtopf kommen »Mandarinen, Zucker, Schnaps, Wein und Bier«. Gleichwohl sieht Landolf Scherzer unter seinen Kameraden nicht mehr Gewohnheitstrinker und Alkoholiker als an Land, obwohl die Einsamkeit und die Entfernung von der Familie fast allen zu schaffen macht. Am meisten ist es aber die Eintönigkeit und die schwere, grausame Arbeit, die zum Trinken drängt.

Im Westen sah etwa um die gleiche Zeit ein Mitarbeiter der See-berufsgenossenschaft das Alkoholproblem unter den Besatzungen recht gelassen:

> *Das hat sich schon gebessert. Wir haben ja jetzt das neue Gesetz und da steht drin, nicht mehr als 1,3 Promille, sonst bist du unge-eignet. Und grundsätzlich hat ja jeder Seemann so nüchtern zu sein, daß er imstande ist, im Seenotfalle helfen zu können. Ich meine, bei mir war das jedenfalls so, der Kapitän kennt also in der Regel seine Pappenheimer und paßt da schon auf, sagt dann auch mal »trink nicht so viel« und hat ein Auge drauf ... Grundsätzlich ist es jetzt z. B. auf skandinavischen Schiffen so, daß sie gar kei-nen Alkohol kriegen. Da muß man dann auch Verständnis für die Seeleute haben, wenn sie jetzt im Hafen einen trinken, aber wenn Sie jetzt mal tagsüber auf die Straße gehen und sehen die Betrun-kenen, dann sind das wohl kaum alles Seeleute. Sehn Sie mal, an Bord auf den Schiffen, da können sie nicht mehr losgehen und einfach sagen: »Äh, Fritz, komm, laß uns mal einen trinken.« Die einen müssen arbeiten, die anderen waschen vielleicht ihre Wä-sche, dann sind die Türen geschlossen wegen der Klimaanlage, sie müssen also erstmal anklopfen, aber der guckt lieber Video, will seine Ruhe haben, hat keine Zeit. Also auf den modernen Schiffen ist das nicht mehr so wie früher. Und das ist eine harte und ver-antwortungsvolle Tätigkeit, mit vielen Entbehrungen auf See, da hat man dann ein Nachholbedürfnis.*

Dieses Nachholbedürfnis können die Seeleute in Hafenbars und Amüsiervierteln ausleben, doch oft bevorzugen sie eine ganz andere Institution, die es ebenso in aller Welt gibt: die Seemannsheime und Seemannsclubs, von denen viele christlich geleitet werden.

In Deutschland gründete man im 19. Jahrhundert die Seemanns-mission, um die unbürgerlich lebenden Matrosen und Schiffer von ihrem als verworfen angesehenen Lebenswandel zu befreien. Alko-holmißbrauch und den Umgang mit Prostituierten zu bekämpfen stand also ganz oben auf der Agenda. Heute lautet der Wahlspruch der Seemannsmission: »Support of seafarers' dignity«, was mit »Unterstützung, um die Würde des Seefahrer schützen« kaum annähernd übersetzt ist. Wer in einem Seemannsclub arbeitet, kennt Matrosen aus aller Herren Ländern und weiß viel von ihnen zu erzählen. Jan Oltmanns gehört zu ihnen, denn er leitet die Seemannsbegegnungsstätte »Duckdalben« mitten im Hamburger Containerhafen. Er war bereit, von seinen Erfahrungen zu berichten und mit mir über das Thema »the drunken sailor« zu sprechen.

*Jan Oltmanns*

*Jan Oltmanns:* Also die Mär von dem »drunken seaman« ist Quatsch. Wenn ich mir angukke, wie viele Gelegenheiten ich als Seemannsdiakon hab, mir abends einen einzuschenken oder am Wochenende, komm ich auf wesentlich mehr Gelegenheiten, als ein Seemann überhaupt hat, sich zu betrinken; selbst wenn der sämtliche Tage seines Urlaub durchsäuft, hat der noch nicht so viel getrunken wie eine Landratte so in ihrer normalen Freizeit. Seeleute haben ja, wenn sie an Bord sind, gar keine Zeit. Das ist ausgeschlossen, wenn sie an Bord sind, sich regelmäßig einen einzuschenken.

*Rolf-Bernhard Essig:* Dabei spielt die immer weiter gehende Reduktion der Mannschaft eine Rolle?

*Oltmanns:* Klar. Das hat auch dazu geführt, daß, was an Alkoholikern in den Siebzigern, Anfang Achtzigern möglicherweise noch durchgeschleppt werden konnte in so einer großen Besatzung, heute überhaupt nicht mehr geht, daß diese Menschen mittlerweile längst arbeitslos sind oder verrentet oder sich buchstäblich totgesoffen haben.

Du hast selber vorhin gesagt, daß diese Sache mit dem Rum auf dem Schiff damit zu tun hat, daß das Wasser ungenießbar war – die Geschichte von »Wir lagen vor Madagaskar … in den Kesseln, da faulte das Wasser« –, das faulte ja nicht nur in den Dampfkesseln, das faulte ja auch auf den Segelschiffen in den Wasserfässern. Und das faulige Zeug konnte man so nicht trinken, also kriegte man seine Dosis Rum da rein, damit das überhaupt trinkbar wurde. Das ist, denke ich, belegt aus der englischen Seefahrttradition. Daß das natürlich den Nachteil mit sich brachte, daß ein Grundlevel Alkohol im Blut sein mußte, das ist klar. Das hat aber mit Containerfahrt heute nichts zu tun!

Ein Containerschiff, das maximal 36 Stunden im Hafen ist, bietet den Seeleuten keinen Rahmen, um überhaupt auch nur richtig zu feiern. Was wir [die »Duckdalben«-Besatzung] erleben, ist, daß wir abends enorme Mengen in den Ausguß kippen. Es kommt 'ne Gruppe von Seeleuten von den Philippinen beispielsweise, und jeder gibt einen aus; das funktioniert; aber im Gegensatz zu den Deutschen müssen die Filipinos nicht austrinken. Und das gilt für einige andere auch, die haben diese Kampfsauferei, die wir in Deutschland oft erleben, einfach überhaupt nicht drauf, sondern die können das ohne weiteres und da wird auch nicht auf irgend jemand runtergeguckt, weil er sein Glas oder seine Flasche nicht leertrinkt.

*Essig:* Es fehlt manchen ja auch ein Enzym.

*Oltmanns:* Das trifft für die Südseeinsulaner mit Sicherheit zu, genauso wie für die Indianer, die den Alkohol nicht so abbauen können, wie wir das können. Bei den Seeleuten aus Tuvalu oder den Gilbert Islands/Kiribati [sprich: Kiribaß], da ist es auch so, daß sehr rigide in den Arbeitsverträgen darauf hingewiesen wird: Wer sich betrinkt, muß damit rechnen, daß ihm beim ersten Mal ein Tag Heuer abgezogen wird, beim zweiten zwei, dann vier, das potenziert sich, so daß da also äußerster Druck gemacht wird, mit dem Alkoholkonsum sehr vorsichtig zu sein. Und es wird auch bei der Ausbildung auf Kiribati, soweit ich das mitgekriegt habe, Wert darauf gelegt.

*Essig:* Das heißt, daß Alkohol hier im »Duckdalben« also eigentlich kein Problem ist.

*Oltmanns:* Ja! Also, das ist es ganz bestimmt nicht. Wenn hier Stimmung ist, dann ist das eine Feierstimmung und nicht eine, wo man Alkohol trinkt zum Verdrängen von Problemen. Daß das im

Einzelfall immer mal vorkommt – wir haben 37 000 Gäste gehabt letztes Jahr [2003] –, das ist klar, daß auch ein oder zwei dazwischen waren, wo es Probleme gab, daß die sich so richtig einen eingeschenkt haben. Nur, da ist es für uns natürlich auch ein Vorteil, daß wir hier im Freihafen sind, da ist es ausgeschlossen, daß wir harten Alkohol verkaufen, es gibt nur Bier und Wein.

*Essig:* Und woran liegt das?

*Oltmanns:* An den Zollbestimmungen, genauer, den Freihafenbestimmungen.

*Essig:* Das ist ja interessant. Man denkt ja, da wäre es besonders günstig, an Schnaps heranzukommen.

*Oltmanns:* Genau das denken die Freunde vom Zoll auch, und deshalb ist es gar nicht erlaubt (lacht). Wir dürfen hier nur Waren verkaufen, die aus dem freien Warenverkehr der Bundesrepublik Deutschland stammen. Wenn wir das mischen könnten, hätten wir Wettbewerbsvorteile, die sie nicht gern sehen würden. Ehrlich gesagt, selbst wenn ich die Chance hätte, was dagegen zu tun, würde ich es nicht tun. Ich hab in den siebziger oder achtziger Jahren erlebt, wie es in Seemannsclubs zugegangen ist, wo wirklich auch harter Alkohol in Mengen verkauft worden ist, und das will ich hier nicht haben! Es gibt ja neben den Asiaten, die hierherkommen, auch 'ne ganze Reihe Osteuropäer, und bei den Osteuropäern läuft es etwas anders: die müssen austrinken. Die trinken auch, um betrunken zu werden.

*Essig:* Und manchmal noch darüber hinaus.

*Oltmanns:* Na ja, das gibt es aufm ostfriesischen Dorf auch, aber das ist 'ne andere Geschichte (lacht). In englischen Seemannsclubs, die wesentlich größere Anteile von ihren Einnahmen selbst erzielen müssen, als wir das müssen, wird natürlich auch der Barbetrieb so gestaltet, daß man da Geld verdient.

*Essig:* Waren Sie in einem englischen Seemannsclub hier in Hamburg?

*Oltmanns:* Nee, den gab's damals schon lange nicht mehr. Das war in Felixtowe. Und da gibt es total gegenläufige Tendenzen. Da gibt es die einen, die sagen, damit verdien ich Geld, was ich problematisch finde, denn mir war es immer wichtig, daß hier hinterm Tresen nicht ein Pächter steht, der davon abhängig ist, möglichst viel

Alkohol zu verkaufen, sondern daß wir das als Seemannsmission machen und dann schon mal sagen: »Bei dir wär das jetzt besser, wenn du mal 'n Kaffee trinken würdest.« Was ja vorkommt.

Ansonsten ist es so meiner Beobachtung nach wirklich auch mehr und mehr Standard, daß die Reedereien dazu übergehen, Alkoholkontrollen zu machen. Also ist dann auch ein striktes Alkoholverbot da. Und da hat die Waschpo [Wasserschutzpolizei] natürlich recht, das hängt mit den ungeheuer zusammengedampften Besatzungen zusammen. Da ist ein Ausfall nicht möglich.

Wenn ich dann noch an so ein australisches Containerschiff denke, das hat vielleicht 2500 Kisten durch die Gegend gefahren, und da waren 40 Mann an Bord, richtig tolle Wachen, Riesenbar, und da saß man morgens um zehn in der Bar zusammen und hat 'n Bier getrunken. Das war völlig normal. Das erleb ich nicht mehr.

*Essig:* Erstens ist keiner da, deshalb macht's keinen Spaß, und zweitens kann man's sich nicht mehr leisten.

*Oltmanns:* Richtig. Also, daß man abends zusammensitzt und 'ne Flasche Bier trinkt oder zwei, das ist auf etlichen Schiffen noch o. k., aber ansonsten wird an Bord kaum noch getrunken. Das kommt dann eher an Land.

*Essig:* Wenn Sie hier mit den Leuten zu tun haben, sind Ihnen da irgendwelche Trinksprüche, besondere Rituale beim Trinken oder bestimmte kuriose Ausdrücke aufgefallen?

*Oltmanns:* Also kuriose Sachen sind zumeist mit den Koreanern passiert ... Das merkwürdigste war für mich, als einer wirklich so viel Bier in sich reingeschüttet hatte, daß nichts mehr reinpaßte, er sich aber trotzdem weiter Bier ausgeben ließ und das dann hinters Sofa kippte. Da kam dann schon so eine Lache unterm Sofa vor, und er tat so, als trinke er noch. Das war sehr gewöhnungsbedürftig. Trinksprüche kriegt man nicht so mit. Aber dann gibt es noch so Sachen. Ein Koreaner antwortete mir auf die Frage, welches Bier er gern hätte: »Openclose.«

*Essig:* Was ist das?

*Oltmanns:* Dann möchte er Flensburger trinken, weil man die Flasche auf- und zumachen kann. Das ist schon speziell. Ansonsten ist das oft nicht einfach zu verstehen, was die gerne möchten. Die Filipinos sagen zum Beispiel nie »Becks«, die sagen immer »Biks« ...

Was mir persönlich ganz viel Spaß macht: wenn einer reinkommt und statt Holsten Heinecken bestellt. Heinecken ist weltweit so verbreitet, daß die Seeleute meinen, daß sie das auch hier kriegen. Und dann mach ich immer 'n Affentanz, also dann fühl ich mich zutiefst beleidigt, daß jemand in einem *deutschen* Seemannsclub der *deutschen* Seemannsmission so ein Zeug bestellt.

*Essig:* Sie meinen so wie Denis Hopper in *Blue Velvet*.

*Oltmanns:* Genau so ... Das macht mir dann einfach Spaß, so ein bißchen zu spielen ... Das ist ja der Punkt, daß wir damals entschieden haben, daß es hier Bier gibt, nicht, um damit Kohle zu machen, sondern weil wir gesagt haben, das hat einfach so 'n Charakter, daß man hier ein bißchen feiern kann. Und wenn Seeleute sagen, daß jeder Tag an Bord ein Montag ist, dann kann der Abend oder der Nachmittag, den man im Seemannsclub verbringt, schon mal ein Feiertag sein.

Dann gibt es noch so witzige Arten, sein Bier aufzumachen. Wenn da so 'n Seemann steht und 'ne Flensburger Flasche kriegt und fragt: »Wie geht denn die auf?«, man will es ihm erklären und er sagt: »Nö, das geht schon« und schraubt einfach den Deckel ab ... mit genügend Kraft geht das, den Draht aus der Verankerung zu reißen (lacht). Oder so ein Südafrikaner, der mir zeigte, wie man mit dem Auge ein Bier aufmachen kann. Das war aber ein »Lion Lager«, ein südafrikanisches Bier, das war das erste Bier mit 'nem Screwtop [Schrauverschluß], was es inzwischen in Deutschland auch gibt. Das hatten die schon in den Achtzigern.

*Essig:* Und dann hat er das mit dem Auge rausgedreht?

*Oltmanns:* Na ja, das hatte er schon vorgedreht, so daß er nur noch ein bißchen mit dem Auge drehen mußte. Und ich dachte, er macht das irgendwie mit den Knochen.

Ansonsten gibt es bei uns auch Wein, das wollen die dann oft zelebrieren. Es gibt natürlich auch manchmal die, die kommen und sagen: »Gib mir die größte Flasche, die du hast, mit den meisten Umdrehungen.« Das ist dann schon bitter. Oder die Libyer, die normalerweise gar nicht trinken, das führt dann manchmal zu Problemen, daß die Leute sich schon mal danebenbenommen haben. Das sind aber Leute, die mit dem Umgang Probleme haben, gerade aus islamischen Ländern.

*Essig:* Aber probieren wollen sie es doch, wenn sie hier sind.

*Oltmanns:* Die allermeisten trinken Tee und Kaffee, ganz klar. Aber was Libyer leidenschaftlich machen, ist kiffen.

*Essig:* Darauf wollte ich auch noch kommen, ob andere Rauschmittel eine Rolle spielen?

*Oltmanns:* Also die gesetzlichen Bestimmungen sind klar. Wenn einer aussieht wie ich, wird man mindestens einmal in der Woche von einem Seemann gefragt, wo man an Dope rankommt. Da muß man einfach sagen: wir sind hier vis-à-vis vom Zoll. Ich will nicht sagen, daß die einen blinden Fleck haben, aber als wir hier früher viel Tunesier, Algerier und Libyer hatten, die draußen rauchten, wußte man schon, daß das nicht ganz koscher war, aber da haben die, weil das Eigenverbrauch war, kein großes Theater gemacht. Aber wenn die Seeleute hier anfangen würden zu schmuggeln, dann sind sie dran. Da stehen auf jedem Schiff die Plakate, und du bist deinen Job los, völlig klar. Wenn man die unterschiedlichen Gesetzgebungen grad in bezug auf Haschisch in Betracht zieht, dann wird man ja verrückt: In Indonesien wirst du dafür aufgehängt, in Holland kannst du damit rumlaufen, in Deutschland sollst du nicht, darfst aber, aber vielleicht auch doch nicht – Kinderkram – also lassen sie das lieber. Das ist so meine Erfahrung, daß das relativ verpönt ist, bis auf diese Ethnien, wo das üblich ist. Homogene Besatzungen gibt es ja so gut wie gar nicht mehr, also die Chinesen, Koreaner auch schon ganz selten, fahren noch homogen auf ihren Schiffen, aber der Rest ist überall gemischt. Das führt, denke ich mal, zu einer stärkeren sozialen Kontrolle.

*Essig:* Vor hundert Jahren waren die Besatzungen ja auch schon sehr gemischt.

*Oltmanns:* Ich hab hier Bilder von vor 120 Jahren, wo Schwarze auch auf deutschen Schiffen Besatzungsmitglieder waren, aus den deutschen Kolonien. Also das ist nichts Neues, nur man erlebt es als etwas Neues, weil es eine Zeit gab, wo die Besatzungen stärker westeuropäisch zusammengesetzt waren. Wenn ich so an die Abende vor 15, 16 Jahren zurückdenke, wo der ganze Tresen voll Spanier, der ganze Tresen voll Schotten saß. Wenn die am Eurogate lagen, dann haben die Schotten das hier wie im englischen Pub gemacht: da wurde das Bier in die hintere Reihe gereicht und das Geld nach vorne.

Das waren dann oft, auch durch die Musik, stimmungsvolle Abende, die es heute kaum noch so gibt. Zehn, zwölf verschiedene Nationen, das ist eigentlich normal.

Es gibt nur eine Gruppe von Seeleuten, die hier fehlt, weil wir kein Fischereihafen sind. Ich glaube aber, daß der Alkohol unter den Fischern noch eine ganz andere Rolle spielt als bei den Seeleuten von Container- oder Frachtschiffen. Ich glaube, daß da erheblich mehr Alkohol konsumiert wird ... Das ist ja auch Mord, der da passiert, dieses Schlachten von Fischen. Das geht an keinem so einfach vorbei. Es gibt ein Buch darüber, das heißt *Fänger und Gefangene,* das hat ein Arbeiterschriftsteller aus der DDR geschrieben, der mit einem Rostocker Frischfischfänger nach Labrador und wieder zurück gefahren ist. Diese Alkoholexzesse, die er da beschreibt, ganz toll beschreibt eigentlich, mit dem Fisch, der durchs Bulleye guckt, und mit dem Fischgott, der in seine Kammer kommt und ihn fragt, was er seinen Schützlingen antut; also so ein bißchen Suffwelt, die aber auch so ein bißchen mystifiziert wird, das ist schon spannend. Das Buch lieb ich auch so, weil da so eine Szene kommt, wo sie alle Landgang in Kanada haben, die DDR-Frischfischfänger, und haben alle zehn kanadische Dollar in der Hand. Was sie da alles *fast* erlebt haben (lacht), *fast* gekauft haben. Und das *fast* wird immer größer im Text. Das ist genau das, was ich auch erlebe. In dem Moment, wenn du an Bord kommst, lebst du auf Sparflamme. Läßt alles hinter dir, deine Freunde, deine Angehörigen, deinen Kulturraum, deinen Rechtsraum, Sprachraum, was weiß ich, das geht alles weg. Fester Boden unter den Füßen ist auch weg, und dann bist du auf dem Dampfer. Da lebst du dann deinen eintönigen Tagesablauf. Und das heißt dann, auf Sparflamme leben ... mit der Gewißheit, hinterher einen Batzen Geld zu haben.

*Essig:* Der dann gerne auf den Kopf gehauen wird, wie ich auch im Seemannsheim gehört habe. Die Köchin erzählte mir von einem Seemann, den sie lange kannte. Der kam so Anfang der Siebziger mal zu ihr, zeigte ihr stolz seine Löhnung, 13 000 DM, und wollte losziehen in die Kneipen. Da sagte sie zu ihm: »13 000 DM, ist das nicht ein bißchen viel?« Und er: »Hast recht, ich laß dir 10 da.« In den frühen Morgenstunden kam er wieder, schlief sich aus, kam dann verzweifelt und kleinlaut zum Mittagessen runter und weinte sich bei der Köchin aus: »Mensch, Liesel, das gibt's nicht! Ich hab kein Geld mehr. Die ganzen 13 000 Mark sind weg.« Die Köchin hat ihn eine Zeit lang schmoren lassen, bis sie ihm die restlichen 10 000 zeigte und er sein Glück gar nicht fassen konnte.

*Oltmanns:* Ich würde auch gerne so 'ne Geschichten erzählen können. Ich kenn sie aber nur so, daß das Geld dann wirklich weg war. Ganz heftig! Aber das zeigt auch, daß an Bord ein anderes Leben war, das dies jetzt sein *mußte*. Das man dies jetzt nachholen *mußte*, an Lebendigkeit, was man an Bord nicht hatte ...

Im Seemannsheim gab es ja viel Gestrandete, auch 'ne ganze Menge Leute dabei, die sonst keinen Platz hatten. Das waren zum Teil arme Schweine, entwurzelte, die sich nicht nach Hause getraut haben, auch getrunken haben, um zu vergessen, bis sie dann wieder an Bord gingen, wo sie nicht mehr getrunken haben und so länger gelebt haben, als wenn sie nur an Land geblieben wären. Viele blieben aber im Seemannsheim, weil sie krank und kaputt von Bord kamen, sich mit ihren Eltern nicht verstanden haben.

*Ein Filipino bestellt am Tresen drei Flaschen Wein, übrigens aus der Pfalz, und verstaut sie in einer Tüte.*

*Oltmanns:* Party? Is it your birthday?

*Der Filipino (schüttelt den Kopf):* Consumption!

*Oltmanns:* Consumption? Oh my goodness ... So, it's for one week? Three bottles?

*Der Filipino:* Yeah.

*Essig:* Das paßt ja gut zum Thema ... Übrigens wollten die Seeleute im Seemannsheim gar nicht so gern über das Thema sprechen, weil sie Angst hatten, ich wollte nur das Klischee vom saufenden Seemann bedienen.

*Oltmanns:* Man muß das, denke ich, vom Kopf auf die Füße stellen und deutlich machen, daß man die ganzen Vorurteile, die in der Gesellschaft landläufig Seeleuten gegenüber vorherrschen, erst mal ganz weit in die Ecke stellen sollte. Und dann gucken, was ist da tatsächlich dran. Deshalb war mein Eingang ja auch, wieviel Gelegenheit hat ein Seemann überhaupt. Es ist nach meinem Gefühl so, daß ich eigentlich verstehen würde, wenn die nur breit wären (lacht).

*Essig:* Na ja, in Bayern, wo ich wohne, wird ja auch viel und häufig getrunken. Da bin ich sicher, das ist mehr als bei Seeleuten.

*Oltmanns:* Also die Gelegenheit ist häufiger. Man darf auch nicht vergessen, daß es für einen philippinischen Seemann, der hier unter harten Bedingungen, sagen wir im Winter, unterwegs ist, schon ein Reiz ist, viel Alkohol zu bestellen, aber nicht, um ihn selber zu trinken, sondern weil er den zu einem guten Preis verkaufen kann.

*Essig:* Gibt es das Seemannsethos noch? Man mußte sich an Bord ja immer aufeinander verlassen.

*Oltmanns:* Das ist immer noch so! Du mußt dich aufeinander verlassen können. Ich seh deshalb mit Sorge das wachsende sprachliche Problem. Da war so ein Kapitän, der sich seit Jahren damit arrangiert hatte, daß er mit Türken und Kapverden fuhr, die haben auch simple Sachen in Deutsch gekonnt. Und dann kamen die weg, und er hat 'ne ganze Gruppe Burmesen gekriegt. Der konnte ihr Englisch nicht verstehen und kannte deren Mentalität nicht, das ist schon schwer. Daß da dann wirklich auch Konflikte provoziert werden, das ärgert mich. Das ist nicht nötig. Das muß man dem älteren Kapitän nicht antun, und das muß man den Burmesen auch nicht antun. Wer meint das tun zu müssen, als Reeder oder als Schiffseignergesellschaft, der macht meiner Meinung nach was verkehrt, denn die vertrauen diesem Kapitän ja immerhin einen Riesenwert an. So 'n Schiff ist schnell – mit Ladung – 100 Millionen wert. Wieso muß man da an der Besatzung sparen? Jetzt hat es mit der ISO-Zertifizierung Probleme gegeben, wenn gesagt wurde, Verkehrssprache an Bord ist Englisch, und das stimmte dann nicht. Und in Gefahr verliert man da wertvolle Zeit. Das ist sinnlos, da zu sparen.

*Essig:* Nun ja, es lohnt sich in der EU ja auch viel Sinnloses – zum Beispiel leere LKWs rumfahren zu lassen.

*Oltmanns (lacht):* Genau. Da hatte ich auch mal einen Kapitän, der sich hier richtig die Kante gegeben hat. Der arbeitete hier im Hafen und sollte ein Schiff mit leeren Containern beladen, obwohl er noch volle hätte unterbringen können. Der sagte: »Die spinnen alle. Mit denen kann man nicht zusammenarbeiten. Ich brat mir jetzt einen!«

# »Es gibt kein Bier auf Hawaii«

## Wie der Alkohol und andere Segnungen der Entdecker
## die Südsee-Paradiese zerstörten

SCHWANKENDE FESTZELTBESATZUNGEN grölen das Lied auf der
»Münchner Wies'n«, auf der »Canstatter Vasn«, auf der »Grünen
Woche« und dem »Hamburger Dom«. Der Sinn des ebenso eingän-
gigen wie einfältigen Songs ist ihnen Wurst, solange es für ihren
Tisch noch genügend Brau-Erzeugnis gibt. Ob sie nun schon berauscht oder gerade noch nüchtern sind – die wenigsten werden wissen, wo genau Hawaii liegt, denn der Mitteleuropäer macht dort
eher selten Urlaub, außer als asketisch eiserner Triathlet.

*Es gibt kein Bier auf Hawaii, es gibt kein Bier,*
*drum fahr ich nicht nach Hawaii, drum bleib ich hier.*
*Es ist so heiß auf Hawaii, kein kühler Fleck,*
*und nur vom Hula-Hula geht der Durst nicht weg.*

*Meine Braut, die heißt Marianne,*
*wir sind schon seit Jahren verlobt.*
*Sie hätt' mich so gern zum Manne*
*und hat schon mit Klage gedroht.*
*Die Hochzeit wär schon längst gewesen,*
*wenn die Hochzeitsreise nicht wär,*
*denn sie will nach Hawaii, ja, sie will nach Hawaii,*
*und das fällt mir so unheimlich schwer.*

*[Refrain]*

*Wenn sie nach Pilsen führe,*
*dann wären wir längst schon ein Paar,*
*doch all meine Bitten und Schwüre*
*verschmähte sie Jahr um Jahr.*

*Sie singt Tag und Nacht ihre Lieder*
*von den Palmen am blauen Meer,*
*denn sie will nach Hawaii, ja, sie will nach Hawaii,*
*und das fällt mir so unheimlich schwer.*

Text und Melodie von Paul Kuhn

Wir verstehen Braut Mariannes Sehnsucht nach »Hula-Hula« und
»Palmen am blauen Meer« besser als die Bierseligkeit ihres vielleicht
doch noch Zukünftigen. Unzählige Filme, Bildbände, Romane und
Gemälde haben ja in uns das Klischee vom Südseeparadies einge-
senkt, von Atollen, Korallen, Fischfarbfeuerwerk im Meer und von
den Inseln mit ihren freundlichen Bewohnern und den noch freund-
licheren Bewohnerinnen. In unseren Träumen vermischen sich dabei Tahiti und Hawaii mit Bora Bora und den Fidschi-Inseln: alles
eine Gabe Gottes im weiten Pazifik, unerschütterlich schön und
ein Rausch für die Sinne. Tatsächlich berauschten die Südsee-Inseln
schon die Entdecker, und die Entdecker berauschten die Insulaner,
die nicht nur deshalb in der Folge ein böses Erwachen erlebten.

Schaut man auf die Karte, sieht man die oft winzigen Inseln nur,
weil man sie nicht maßstabsgerecht einzeichnet. Wie hingeworfen
mit großem, zufälligem Schwung liegen da im unendlichen Pazifik
Hunderte und Aberhunderte von Inseln: Mikronesien, Polynesien
und Melanesien. So klein sie sind, so groß sind ihre zugehörigen
Meergebiete. Französisch Polynesien beispielsweise hat – auf 118 Inseln verteilt – eine Landfläche, die zwei Dritteln des Staates Luxem-
burg entspricht, seine Meerfläche bedeckt mit 4,5 Millionen km²
allerdings fast ganz Europa.

Erst im 18. Jahrhundert fanden auch westliche Entdecker rasch
hintereinander Insel auf Insel in der Wasserwüste, die ihnen als Para-
diese erschienen und zu einem Schwärmen einluden, das bis heute
nicht aufgehört hat. Nach langer, entbehrungsreicher, harter Seefahrt tauchten damals plötzlich unter dem tropischen Himmel Wol-
ken auf, dann Hügel, Palmen, Sandstrände und – eine ganze Menge
Bewohner, mal friedlich, mal feindlich. Von Anfang an faszinierten
zwei Inseln die Europäer besonders, so daß sie zum Synonym für
den Rausch der Südsee werden konnten: Hawaii und Tahiti.

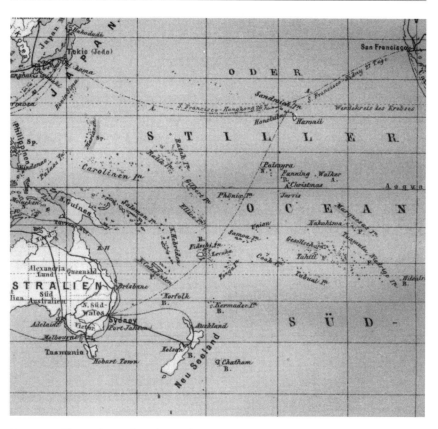

*Karte von Mikronesien, Polynesien, Melanesien*

Ein Jahr nach dem Engländer Wallis erreichte der französische Entdecker Louis Antoine de Bougainville (1729–1811) mit seinen beiden Schiffen »L'Etoile« und »La Boudeuse« am 2. 4. 1768 Tahiti; er sorgte besonders für die Etablierung eines Mythos. Hinter ihm lag eine Fahrt von eineinhalb Jahren um die Südspitze Amerikas herum. Schon dort machte Bougainville merkwürdige ethnologische Experimente mit Alkohol, die er auf Tahiti wiederholte. Zuerst versuchte er es am 8. 12. 1767 mit den Patagoniern, die er ganz zahm und willig fand:

*Wir gaben ihnen Branntwein zu trinken, aber jeweils nur einen Schluck; sobald sie ihn hinuntergeschluckt hatten, schlugen sie sich mit der Hand auf die Brust und gaben einen zitternden,*

*kaum vernehmbaren Laut von sich, der in ein Rollen der Lippen
mündete. Sie taten dieses einer nach dem anderen und verschaff-
ten uns damit ein sonderbares Spektakel.*

Vielleicht hatte die besondere Proviantsituation, die Bougainville am
11.11.1767 festhielt, solche Experimente nahegelegt: »Wir hatten
nunmehr auf 10 Monate Lebensmittel an Bord, aber das meiste Getränk bestand aus Branntwein.«
      Auf Tahiti stand am Anfang pure Begeisterung. Bougainvilles
blumige Beschreibungen der »noble sauvages«, der edlen Wilden,
und ihrer eigenartigen Riten, ihrer Freizügigkeit in Sitten und Betra-
gen schlugen den Grundakkord aller späterer Südseeromantik an:

*Die Göttin der Liebe ist hier zugleich die Göttin der Gastfreund-
schaft; sie hat keine Geheimnisse, und jeder Sinnenrausch ist ein
Fest für das ganze Volk. Die Wilden wunderten sich, wenn unsere
Leute Bedenken trugen, ihr öffentlich zu opfern, welches den europäischen Sitten so sehr zuwider ist. Dennoch möchte ich mich
nicht dafür verbürgen, daß keiner seinen Widerstand aufgegeben
und sich nach dem Landesgebrauch bequemt hat.*

*Ich bin mehrmals in Gesellschaft von 1 oder 2 Männern tiefer
in das Land hineingegangen; es schien mir der Garten Eden zu
sein. Man sah die schönsten Wiesen, mit den herrlichsten Frucht-
bäumen besetzt und von kleinen Flüssen durchschnitten, welche
allenthalben eine köstliche Frische verbreiteten, ohne die Unan-
nehmlichkeiten, welche die Feuchtigkeit sonst bringt. Ein recht
großes Volk genießt hier die Schätze, welche die Natur ihm in
so reichem Maße austeilt. Wir fanden Gruppen von Weibern
und Männern im Schatten der Fruchtbäume sitzen, welche uns
freundschaftlich grüßten; die uns begegneten, traten auf die Seite,
um uns Platz zu machen. Allenthalben herrschten Gastfreiheit,
Ruhe, sanfte Freude, und dem Anschein nach waren die Einwohner sehr glücklich.*

Bougainville wollte die Insel am liebsten »Neu Kytherea« nennen,
weil sie ihn an die paradiesische Insel der Venus erinnerte, blieb aber
dann doch bei dem Namen, den er von den Einwohnern zu verste-

hen glaubte: »Tahiti«. Seine Begeisterung fand fast keine Grenzen, und so schwärmte er weiter nach antikischem Muster: »Man glaubt in die elysäischen Felder versetzt zu sein.«

Gerade solche Passagen des Reiseberichts lasen die Aufklärer in Frankreich und im Rest Europas mit größtem Interesse, bewies doch dieses Paradies ohne christliche Moral für sie, daß der Mensch auf seiner ursprünglichen Entwicklungsstufe gut und moralisch war, daß es für die Gegebenheiten des absolutistischen Staates Glück verheißende Alternativen gebe. Die Leser von Bougainvilles Reiseberichten konzentrierten sich fast nur auf diese idyllischen Beschreibungen. Alle kritischen Untertöne und Feststellungen, die Krieg oder Kannibalismus betrafen, blendeten die Europäer einfach aus. Sie idealisierten die Insel und ihre Bewohner so sehr, daß der Mythos Tahiti bis heute – allen Korrekturversuchen zum Trotz – lebendig blieb.

Unterstützt wurde diese Auffassung durch Texte anderer Mitglieder der Expedition. So schrieb der Arzt und Botaniker Philibert Commerson (1727–1773) in seinem »Brief an den Astronomen Lalande«, der im *Mercure de France* 1769 erschien, über Tahiti fast schon in einem Delirium des Enthusiasmus:

*Der Name [Tahiti], den ich ihr bestimmte, kam einem Lande zu, vielleicht dem einzigen auf der Erde, wo Menschen ohne Laster, ohne Vorurteile, ohne Mangel, ohne inneren Zwist leben.*

*Geboren unter dem schönsten Himmelsstrich, genährt von den Früchten eines Landes, das fruchtbar ist, ohne bebaut zu werden, regiert eher von Familienvätern als von Königen, kennen sie keinen anderen Gott als die Liebe; alle Frauen sind Priesterinnen, alle Männer ihre Anbeter. Und was für Frauen das sind! Die Rivalinnen der Georgierinnen im Hinblick auf die Schönheit und ohne Hülle die Schwestern der Grazien. Weder die Schande noch die Scham üben ihre Tyrannei aus; der zarteste Schleier flattert stets nach dem Winde und den Begierden. Der Akt der Zeugung ist ein religiöser Akt; das Vorspiel dazu wird durch die Wünsche und die Lieder des zu diesem Zwecke vereinten Volkes angeregt, und das Ende wird mit allgemeinem Beifall gefeiert. Jeder Fremde wird zur Teilnahme an diesen glücklichen Mysterien zugelassen, ja es ist sogar eines der Gesetze der Gastfreundschaft, ihn dazu einzuladen, so daß der gute Tahitier unaufhörlich genießt – entweder das Gefühl seiner eigenen Wonnen oder das Schauspiel der Sinnenlust der anderen. Ein puritanischer Sittenrichter sieht darin vielleicht den dreistesten Zynismus, aber ist es nicht der Zustand des natürlichen Menschen, der in seinem Ursprung wesentlich gut und von jedem Vorurteil frei ist und der ohne Argwohn und ohne Gewissensbisse den sanften Trieben eines stets sicheren Instinkts folgt, welcher noch nicht zur Vernunft degeneriert ist.*

Gerade diese im Gewand der Ethnologie besonders reizvoll erscheinenden Sexgeschichten sorgten für die allergrößte Verbreitung und häufig auch verflachende Bearbeitung der Reiseberichte. Selbst Denis Diderot scheute sich nicht, Sexszenen ausführlich und aufreizend zu schildern, als sei er dabei gewesen, nur um deutlich zu machen, wie sehr man angeblich im dekadenten Europa die natürlichen Sitten vergessen und verfälscht habe.

Die Bewohner Tahitis erfüllten nicht nur mit ihrer ganz unerwartet freien Form körperlicher Liebe die Rousseauschen Klischees edler Wilder, sie erfüllten sie auch in ihrer gesunden Abneigung gegen Branntwein. Bougainville erlebte nämlich nach der unterhaltsamen Erfahrung mit den trinkwilligen Patagoniern eine Überraschung, denn »Wasser ist das einzige Getränk der Tahitianer«, und »der bloße Geruch von Wein und Branntwein, Tabak, Gewürze und allem, was stark riecht und schmeckt, ist ihnen sehr zuwider.«

Philibert Commerson stimmt ihm in dem bereits zitierten Brief zu:

*Ihre Abneigung Wein und Branntwein gegenüber war unüberwindlich. Da sie in allem kluge Menschen sind, empfangen sie vertrauensvoll aus den Händen der Natur Speise und Trank; es gibt bei ihnen weder gegorene Flüssigkeiten noch gekochte Speisen.*

So idyllisch das alles klingt und so natürlich, so sehr steckt es doch voll blinder Begeisterung, die sich vor allem dem Kontrast zwischen den Inselparadiesen und Europas komplizierter wie problematischer Situation im 18. Jahrhundert verdankt. Dabei hätte es Commerson besser wissen können, weil seine und andere Expeditionen der Zeit auf den Inseln durchaus Rauschmittel kennenlernten, die allerdings wesentlich harmloser waren als Alkohol.

Da ist zum einen die Betelnuß, die in Melanesien (Neuguinea, Bismarck-Archipel, Salomonen, Santa-Cruz-Inseln, Neue Hebriden und Neukaledonien) als Rauschmittel bekannt ist. Die bis zu 30 m hohe Betelpalme (Areca catechu) hat einen sehr schlanken Stamm und eine kleine Wedelkrone mit Blättern von 1,5–2 m. Ihre Früchte sind gelb und beerenartig mit fetthaltigem Samen. Zum Betelkauen werden die Samen der Betelfrucht geröstet oder gekocht, in Scheiben geschnitten, mit Kalk und Gewürzen zusammen in die Blätter des Betelpfeffers gewickelt und wie Kaugummi gekaut. Die leicht berauschende Substanz der Betelsamen bewirkt eine Verlangsamung der Herztätigkeit und einen Blutstau im Kopf. Zähne und Gaumen des Betelkauers färben sich orangerot beim Kauen.

Zum anderen gibt es ein ähnlich schwach narkotisch wirkendes Getränk, von dem die Reisenden der Südsee berichten: Kawa oder Kava. Gerd Koch schreibt über dieses in der gesamten Südseeinselwelt verbreitete Getränk und seine ursprüngliche Verwendung:

*Wasser ist das Getränk zu den Mahlzeiten. Kawa ('ava u. ä.), gewonnen aus der zerkauten und mit Wasser verrührten Wurzel des nahe den Siedlungen gepflanzten Piperazeen-Strauches Piper methysticum, eines Pfeffergewächses, gilt einzig als Zeremonialgetränk und wird, vor allem beim Adel, nur in förmlicher Runde unter einem Ritual streng geregelter Etikette genossen. Dieser Trank ist mildnarkotisch und nicht alkoholisch, er bewirkt ein Gefühl der Behaglichkeit und Zufriedenheit ohne Minderung der Selbstkontrolle.*

Merkwürdigerweise beobachteten die Entdecker des 18. Jahrhundert die Kawa-Wirkung anders, wobei zu bedenken ist, daß sie einheimische Rituale gerne mit europäischen Sitten verglichen oder identifizierten. Georg Forster berichtet von einem Gelage an Bord vor Ulieta, einer der Gesellschaftsinsel. Wieder stellt er die grundsätzliche Abneigung gegen starken Alkohol fest (die sich allerdings bald auflösen wird) und erklärt sich die dennoch vorhandene überraschende Trinkfestigkeit der Inselbewohner mit dem Gebrauch des Kawa, dessen Herstellung er ausführlich beschreibt; ganz nebenbei erstaunt in diesem Zitat, daß nach einem Jahr Fahrt noch trinkbarer Wein an Bord ist:

*Gegen Ende der Mahlzeit kamen unsere Weinflaschen dran, und Freund Orea [das Inseloberhaupt] ließ sich sein Gläschen schmecken, ohne die Augen zu verdrehen, worüber wir uns um so mehr wunderten, als die Insulaner sonst überall einen Widerwillen gegen unsere starken Getränke gezeigt hatten. Doch haben sie ein berauschendes Getränk, von dem besonders einige alte Oberhäupter viel halten. Es wird aus dem Saft einer Pfefferwurzel, Kawa genannt, auf eine höchst ekelhafte Weise gewonnen. Nachdem die Wurzel in Stücke geschnitten ist, wird sie von einigen Leuten vollends klein gekaut und die mit Speichel durchweichte Masse in ein großes Gefäß voll Wasser oder Kokosmilch gespuckt. Dieser ungemein appetitliche Brei wird hierauf durch Kokosnußfasern geseiht und sorgfältig ausgedrückt, damit der Saft sich vollends mit der Kokosnußmilch vermischt. Zuletzt wird der Trank in eine andere große Schale abgeklärt und ist alsdann zum Gebrauch fertig. Dieses häßliche Gemansch trinken sie mit ungemeiner Gier, und einige alte Säufer tun sich nicht wenig darauf zugute, daß sie viele Schalen davon leeren können. Die Völlerei bleibt indessen gleich jeder anderen Ausschweifung nicht ungestraft. Die Alten, die diesem Laster anhängen, sind dürr und mager, haben eine schuppige, schäbige Haut, rote Augen und rote Flecken am ganzen Leibe. All dieses sind ihrem Geständnis nach unmittelbare Folgen des Suffs.*

Auch bei einem Häuptling auf Huaheine glaubt er verderbliche Folgen des Kawa-Trinkens feststellen zu können:

*Ori kam uns diesmal noch weit abgelebter und untätiger vor als bei unserem ersten Besuch. Seine Seelenkräfte schienen merklich abgenommen zu haben. Seine Augen waren rot und entzündet und der ganze Körper mager und schäbig. Die Ursache blieb uns nicht lange verborgen. Wir bemerkten nämlich, daß er dem Trun-*

ke ergeben war und von der stärksten Art des berauschenden
Pfeffergetränks große Portionen zu sich zu nehmen pflegte.

Die Formulierungen »Suff« und »dem Trunke ergeben«, die Forster
hier gebraucht, machen klar, wie sehr er in europäischen Kategorien
denkt, denn Kawa berauscht ja nicht, ist, wie schon erwähnt, zwar
fermentiert, aber nicht alkoholisch. Gleichwohl konnte sein ständi-
ger Genuß zusammen mit dem bequemen Leben der Adligen und
Stammesführer, die Kawa praktisch als einzige zu sich nehmen durften, zu Krankheitssymptomen führen.

Die kategorischen Wirkungsunterschiede zwischen Alkohol und
Kawa lassen sich schon in anderen Szenen, die Forster schildert,
deutlich erkennen. Auf Tahiti besuchen zwei hohe Würdenträger
James Cook bei seinem zweiten Aufenthalt auf dessen Schiff und
werden gut bewirtet:

*Der König und sein Admiral blieben bei uns zu Mittag und aßen
von allem, was ihnen vorgesetzt wurde, mit bestem Appetit. O-Tu
[der König] war nicht mehr der schüchterne, mißtrauische Mann,
er schien bei uns zu Hause zu sein und machte sich ein Vergnügen
daraus, Tohah [den Admiral] in unseren Gebräuchen Unterricht
zu geben. Er zeigte ihm, wie er Salz zum Fleisch nehmen müsse,
trug auch keine Bedenken, ihm zum Exempel ein volles Glas zu
leeren, und hätte ihn gern überredet, den roten Wein für Blut an-
zusehen. Tohah kostete von unserem Grog, verlangte aber bald
puren Branntwein, den der E-Wai no Bretanni, »britisches Wasser« nannte, wovon er ein Gläschen voll hinunterschluckte, ohne
eine Miene zu verziehen. Er sowohl als Seine Majestät waren
außerordentlich lustig und schienen an unserer Art zu leben viel
Geschmack zu finden.*

Forsters Beschreibung merkt man noch eine gewisse Belustigung an,
die später weichen wird. Noch aber versorgt man die Herrscher der
Inseln bedenkenlos mit Alkohol:

*Der Kapitän hatte vorsorglich einige Flaschen Branntwein mitge-
nommen, der mit Wasser verdünnt das Lieblingsgetränk der Ma-*

*trosen, den sogenannten Grog, ausmacht. Die Errioys und einige andere vornehme Insulaner fanden dies Gemisch stark und fast ebensosehr nach ihrem Geschmack wie das berauschende Pfefferwasser, sie tranken also tapfer davon und setzten noch etliche Gläser Branntwein obendrauf, was ihnen dann so wohl behagte, daß sie sich bald nach einem Ruheplätzchen umsehen und ausschlafen mußten.*

In einer Form doppelter Verwechslung sahen die Insulaner und die Europäer den Alkohol als eine Art Kawa an. Die unvergleichlich stärkere Wirkung des Branntweins empfinden beide Seiten noch als nur kurios und belustigend. Doch mit dem Alkohol verändert sich die gesamte Kultur, auch die Rauschkultur der Inselwelt.

Dieses zerstörerische Mißverständnis hatte es schon beim Sex gegeben, den die Schiffsbesatzungen als natürliche Freizügigkeit interpretierten. Die Inselbewohnerinnen jedoch suchten nicht ihr Vergnügen, sie zeigten auch nicht ungewöhnlich weit gehende Gastfreundschaft. Die Absicht der Frauen war es, sich »mana« der Weißen anzueignen, deren natürliche und übernatürliche Schöpfungskraft. Deshalb kamen zumeist nicht privilegierte Insulanerinnen, die ihre Stellung verbessern wollten, an Bord und boten sich an. Adlige folgten ihnen erst, als aus dem von beiden Seiten mit unterschiedlichen Absichten praktizierten Sex ein Geschäft wurde, gaben die Seeleute doch den Frauen Geschenke mit, zu deren begehrtesten rote Federn und Nägel gehörten, die in den metallosen Südseekulturen eine besondere Bedeutung hatten. Bald forderten Männer, bevor sie Frauen an die Seeleute übergaben, Geschenke.

Am Anfang sah man jedoch in dem Sex mit den Inselbewohnerinnen fast so etwas wie eine Gratifikation nach der langen Reise, mit der die Schiffsbesatzungen rechneten. Georg Forster erlebte auf Hawaii ähnliches wie Bougainville und wunderte sich nur noch über die besondere Schönheit und Willigkeit der Frauen:

*Ich habe bereits gesagt, daß diese Inselgruppe alle Lobeserhebungen erschöpfe, die jemals von hungrigen oder verliebten Weltumseglern an ihre neuen Entdeckungen verschwendet worden sind. Die Ausschweifungen des Schiffsvolkes, die man längst aus ande-*

Junge Tahitianerin mit Gastgeschenk. Stich von Francesco Bartolozzi,
nach einer Zeichnung von John Webber.

ren Reisebeschreibungen kennt, stiegen in der That nirgends höher als in O-Waihi [Hawaii], wo die vorzügliche Schönheit und
Weiße der Frauenzimmer nur noch von ihrer Gefälligkeit übertroffen ward. Am Abend, wenn jeder bereits ein Mädchen gewählt hatte, standen noch zuweilen hundert ledige auf dem Verdeck, die umsonst auf einen Liebhaber gehofft hatten. Bey

*einbrechender Nacht sprungen sie dann zugleich ins Meer, und schwammen ans Ufer zurück.*

Zwar erwähnen Ethnologen auch, daß Sex auf Polynesien als Spiel angesehen werde und Kinder immer willkommen seien, doch unterschied sich die manchmal fast wütende Art, in der sich die Frauen den Seemännern aufdrängten, deutlich vom alltäglichen Verhalten auf den Inseln. Ihnen ging es – im Gegensatz zu den Seeleuten – nicht um Sinnenrausch, sondern um Zugewinn an Kraft, an Veränderung ihrer Stellung durch Nachkommen von einem Angehörigen eines als mächtiger erkannten Volks. Die Prinzipien des schon erwähnten »mana« und des uns so geläufigen, aber ursprünglich viel komplizierteren »tabu« (eigentlich »tapu«) können dieses Verhalten und übrigens auch die dramatische Ermordung von Kapitän Cook erklären, weswegen ein kleiner Exkurs erlaubt sein mag.

Die eigentlichen Entdecker der Südseeinseln waren lange vor Wallis, Bougainville und Cook gekommen. In Jahrhunderten gefahrvoller Meerfahrt mit Doppelrumpfkanus und Auslegerbooten war eine Insel nach der anderen besiedelt worden. Die ersten Bewohner kamen nicht, wie noch Thor Heyerdahl zu beweisen versuchte, von Südamerika, sondern aus dem Bereich von Neuguinea. Angehörige einer austronesischen Kultur besiedeln zwischen 1500 vor und 1100 nach Chr. die Inselwelt. Erst 500 n. Chr. kommen sie wohl auf Hawaii und Tahiti an, 1100 n. Chr. auf Neuseeland. Kurioserweise bleiben diese kühnen Seefahrer dann auf ihren Inseln seßhaft, so daß sich eigenständige, aber verwandte Kulturen entwickeln, die viele Überzeugungen, gerade im Kultischen, teilen. Dazu gehört das Prinzip des »tapu«, es bezeichnet das Hieratische, das Heilige, Unberührbare. Das Tabu umgibt wie eine schützende, auszeichnende, aber auch ausschließende Aura. Eng verbunden ist damit »mana«, eine besondere sakrale Macht oder Kraft. Wer »mana« besaß, konnte ein »tapu« aussprechen und aufrechterhalten. Das konnten Häuptlinge oder auch Priester sein. Ganz Polynesien kennt eine Dreiteilung der Gesellschaft in Häuptlinge, Adlige (Landbesitzer), gemeines Volk. Das letztere verehrt eine ungeheure Fülle von Privatgottheiten, so daß man auf Hawaii von den »40 000 Göttern« spricht. Es gibt aber einige wenige, allseits verehrte Hauptgottheiten in Polynesien: Tane

(Kane), Gott des Waldes und Patron der Handwerker, besonders der Bootsbauer, Tu (Ku), der Kriegsgott und Kampfentscheidende, dann Rongo (Ro'o, Lono, 'Ono), der Gott des Friedens und des Pflanzens.

Mit diesem Gott wurde Cook von den Bewohnern Hawaiis, vor allem vom Häuptling Kalaniopuu, identifiziert, der sich selbst als Gott Ku gerierte. Nach den Mythen der Hawaiianer wechselten Lono und Ku sich ab, der eine wich dem anderen, kehrte dann aber wieder, um den Kampf zu suchen, wobei einer den anderen besiegte. Cooks zweimaliger Aufenthalt kurz nacheinander machte ihn, ohne daß er es wußte, zu einer Figur in einem Mythenspiel. Bei seiner ersten Ankunft fand er als Lono Verehrung und Unterstützung, doch bei seiner zweiten Ankunft erwartete ihn der Kampf und, wie der Mythos es befahl, die Niederlage. Am 14. 2. 1779 wurde Cook am Strand der Kealakekua-Bucht mit einem Messer, das er und die seinen erst auf die Insel gebracht hatten, ermordet.

Gerade weil er aber für Lono gehalten wurde, verschaffte ihm sein mythengerechter Untergang große Verehrung. Der regierende

*Der tragische Tod des Kapitän Cook. Kupferstich von Claude-Mathieu Fessard, nach einer Zeichnung von John Webber*

Häuptling Kalaniopuu bemächtigte sich der Leiche Cooks; Teile davon wurden von Lono-Priestern noch im frühen 19. Jahrhundert auf
der Insel umhergetragen. Der Häuptling behielt viel von dem Körper
für sich, anderes weihte er seinem Gott, und was übrig blieb, schenkte er als Auszeichnung seinen Gefolgsleuten. Cook selbst blieb damit
bzw. wurde damit zu einem der höchsten hawaiianischen Götter,
womöglich zum mächtigsten. Deshalb fühlten sich die Hawaiianer
sehr britisch und schätzten die Engländer weit über ihren realen Ein-
fluß und ihre tatsächliche Macht hinaus, weil sie über die Aneignung
und Aufnahme von Cooks »mana« mit diesem Volk göttlich ver-
wandt waren.

Von den Fremden aus dem Westen schwanger zu werden, konnte
dementsprechend auch »mana« von ihnen auf die Frauen übertra-
gen. Da viele Frauen der Unterschicht angehörten – es gab ja eine
deutliche soziale Schichtung auf den allermeisten Inseln –, konnten
sie darauf hoffen, ihre Stellung durch den Sex mit den Seeleuten zu
verbessern.

Das Gegenteil trat ein. Nicht, weil sie von ihren Stammesangehö-
rigen abgelehnt worden wären – diese ermutigten sie ja oft, sich an
Bord der Segelschiffe zu begeben –, sondern weil innerhalb kürzester
Zeit viele Inselbewohnerinnen an Geschlechtskrankheiten erkrankten, vor allem an Syphilis und Gonorrhöe. Dabei hatten sowohl
Bougainville als auch Cook versucht, Vorsichtsmaßnahmen zu treffen, um keine Epidemien zu verursachen. Der Franzose behauptet:

*Ich trug möglichst Sorge, daß sie [die Tahitianer] durch unser
Schiffsvolk nicht mit venerischen Krankheiten angesteckt würden, weil dieses Übel vermutlich nicht bei ihnen bekannt ist.*

Bougainvilles »Sorge« reichte nicht aus. Innerhalb kurzer Zeit beobachtet er Fälle von »venerischen Krankheiten«. Allerdings findet er
Entschuldigungen, denn schließlich hat er, wie er bemerken muß,
Tahiti erst als zweiter entdeckt. Ein Jahr vor ihm, 1767, hatte die Insel bereits Samuel Wallis mit der »Dolphin« besucht, der allerdings
nicht lange blieb, da er zuerst feindlich empfangen worden war. In
einem sinnlosen Streit schieben die Engländer und die Franzosen die
Schuld hin und her; es geht zu wie bei der Benennung der Syphilis,

die in jedem Land einen anderen Namen hat: in Deutschland hieß sie wie in Italien und England lange Zeit »die französische« Krankheit, in Frankreich »die italienische«, in Polen »die deutsche« und in Rußland »die polnische«. Den bald ganz durchseuchten Tahitianern hilft der Zwist nichts, ihre Entscheidung aber ist klar, denn sie nennen die Syphilis »Apa na peritane«, also »die britische Krankheit«.

Auch auf Hawaii erläßt Cook im Januar 1788, damit die »Lustseuche« sich nicht verbreite, ein Verbot, Sex mit den Frauen zu haben, die sich doch erst fröhlich, dann aufreizend und schließlich wütend anbieten. Das scheint erst zu fruchten, doch die Kontrolle gelingt auf Dauer nicht. Als Cook im Dezember zurückkehrt, erlaubt er resigniert Frauen an Bord und den Geschlechtsverkehr mit ihnen, weil sich die »Lustseuche« schon unverkennbar auf Hawaii etabliert und ausgebreitet hat.

Georg Forster

Georg Forster stellt die Vermutung an, die Seuche könnte schon vor der Ankunft der Europäer bekannt gewesen sein, und beruft sich dabei auf Aussagen von Inselbewohnern. Die Wahrscheinlichkeit und die folgenden Jahre sprechen allerdings gegen diese Idee, waren doch an Bord bekanntermaßen viele Matrosen mit »venerischen Krankheiten« geschlagen und breitete sie sich in solch verheerenden Epidemien aus, daß sich die Bevölkerung der Südseeinseln erst nach hundert Jahren langsam zu erholen begann. Es spricht allerdings manches dafür, daß Frambösie mit Syphilis und anderen Geschlechtskrankheiten verwechselt wurde. Sie war in der Südsee sehr verbreitet, und die an ihr Erkrankten steckten sich nicht mit der eng verwandten Syphilis an. An dem massenhaften Sterben durch eingeschleppte Krankheiten ändert der Befund allerdings nichts.

Schon Georg Forster beklagte in einer verzweifelten Passage seiner »Entdeckungsreise« das schreckliche Schicksal der »entdeckten« Völker auf den berauschend schönen Inseln, deren Kultur zerstört werde. Allerdings wälzte er dabei viel Schuld auf die ungesitteten und deshalb brutalen Seeleute ab:

*Es ist Unglücks genug, daß alle unsere Entdeckungen so vielen unschuldigen Menschen das Leben gekostet haben [bei Kämpfen etc.]. So hart dies für die kleinen ungesitteten Völkerschaften der Fall sein mag, die von Europäern aufgesucht worden sind, so ist es wahrscheinlich doch nur eine Kleinigkeit im Vergleich mit dem unersetzlichen Schaden, den ihnen diese durch den Umsturz ihrer sittlichen Grundsätze zugefügt haben ... So aber fürchte ich, daß unsere Bekanntschaft den Bewohnern der Südsee durchaus nachteilig gewesen ist, und ich bin der Meinung, daß gerade jene Völkerschaften am besten weggekommen sind, die sich immer von uns ferngehalten und unseren Seeleuten nie erlaubt haben, allzu vertraut mit ihnen zu werden. Hätten sie doch in den Mienen und Gesichtszügen der Seeleute den Leichtsinn lesen und sich vor der Liederlichkeit fürchten mögen, die ihnen mit Recht zur Last gelegt wird.*

Die hellsichtigen Sätze findet Forster, nachdem er geschildert hat, wie Seeleute für Stoff und Nägel sich Frauen von den Neuseeländern kaufen. Viele von ihnen werden aber von ihrem Volk an Bord gezwungen und von den Matrosen vergewaltigt.

Überall auf den pazifischen Inseln, von Hawaii bis Neuseeland, breiten sich Geschlechtskrankheiten, Pocken, Cholera, Ruhr, Tuberkulose, Schnupfen, Mumps, Masern, Keuchhusten, Röteln aus. Der Bevölkerungsschwund ist so enorm, daß man – fehlte nicht die Absicht – von Völkermord sprechen könnte. Cook schätzte, es gebe auf Hawaii insgesamt 400 000 Menschen; moderne Forscher gehen in ihren Meinungen über den damaligen Bevölkerungsstand weit auseinander, zwischen 160 000 und 1 000 000 seien es gewesen. Der erste Zensus im Jahr 1831/32 erfaßte 130 313 Hawaiianer, 50 Jahre später gab es unter den rund 160 000 Einwohnern nur noch 40 000 »keiki o ka 'aina« (Kinder des Landes). Auf Tahiti war alles noch schlimmer. Hatte Cook, indem er die Männer in den Kriegskanus, die sein Schiff begrüßten, zählte und für jeden Mann drei Familienangehörige ansetzte, angenommen, es seien etwa 204 000 Einwohner, gab es 1829 nur noch 8 568, 1865 lediglich 7 169. Erst von da an stieg die Zahl der Ureinwohner wieder langsam an.

Der Alkohol spielte in dieser Völker- und Kulturvernichtung die wichtigste Rolle neben den Krankheiten, wurde doch in den nächsten Jahrzehnten vor allem durch Walfänger, desertierte Matrosen und durch Händler billiger Schnaps verbreitet, dem immer mehr Einwohner verfielen.

Die Klage über den Untergang der Südseeparadiese wurde im 19. und Anfang des 20. Jahrhundert zu einem Gemeinplatz der westlichen Literatur und blieb als Tatsache bitter wahr. Herman Melville läßt in seinem Südseeroman *Omu* den Helden kurz und bündig ausrufen: »Verdammt sei Cook, der einmal dieses Paradies entdeckt hat. Gott hätte eine hohe Mauer darum bauen sollen.« Weil der Held selbst einige Zeit auf der Insel Rukahiva unter den Inselbewohnern verbracht hat, ist er fähig, die Perspektive zu wechseln, zu erkennen, wie die Weißen die Kolonisierten als Kinder behandeln, nur mit dem Unterschied, daß sie durch Alkohol gefügig gemacht werden:

*Zwei französische Offiziere waren in seiner Begleitung und außerdem drei betrunkene Insulaner, scheinbar Häuptlinge. Sie machten sich aber zu Narren nicht nur durch ihre Besoffenheit; der eine trug eine rote Weste als Hose, der andere mit Lederriemen Sporen an den nackten Füßen befestigt, der dritte paradierte mit einem alten, durch bunte Federn verzierten Dreispitz.*

*Ich war sehr empört, wie immer, wenn ich sah, daß sich die ahnungslosen Kanaken zu Narren der gemeinen Weißen machten, zu ihren Clowns, gerade jetzt, da ich nun seit Rukahiva wieder ganz Weißer geworden war, fiel es mir besonders auf. Das machten die Weißen mit ihrer herzlosen Technik. Vielleicht hätte es auch umgekehrt kommen können, dann wären wir jetzt die Clowns der ganzen Welt, wie wir es verdient hätten ... Da vernichten wir die Indianer. Alle diese Schweinereien gehen unter dem Motto: kolonisieren.*

Melville weiß, wovon er schreibt, fuhr er doch selbst als Matrose auf Walfängern durch die Südsee und lebte als Deserteur eine Zeit auf einer Südseeinsel; *Omu* ist ein Buch voller autobiographischer Bezüge. In seinem Roman gewinnen die fürchterlichen nackten Zahlen Leben:

*Auf der Schleppe der Missionare hockten die Geschäftemacher,*
*die Perlentaucher und Ausbeuter der Kokospalmen. Diese geld-*
*gierigen und abenteuerlichen Vagabunden brachten den Insula-*
*nern die Krankheiten.*

*Es ist vorgekommen, daß die Bewohner einer Koralleninsel*
*ausstarben, weil das Kind eines solchen Weltreisenden sie mit*
*Masern angesteckt hatte. Selbst nach unserer Ansicht harmlose*
*Krankheiten wirkten sich in Polynesien mörderisch aus.*

*Und schlimmere Krankheiten zogen ein. Die Syphilis geißelte*
*die Eingeborenen viel höllischer als die Weißen ... Die Trunk-*
*sucht, ein Geschenk der Europäer, nahm den Kanaken die Wider-*
*standskraft. Die Sense der Blattern mähte. Die Syphilis aber ver-*
*giftete in grauenhafter Weise das Blut der Eingeborenen ... Wer*
*wird leugnen, daß die Schuld allein auf den Missionaren und den*
*anderen Weißen lastet. Sie haben den Kanaken die Verdammnis*
*gebracht, und es ist ein Frevel, wenn sie behaupten, daß diese da-*
*für das ewige Leben in Seligkeit eintauschten. Die Weißen dage-*
*gen tauschten Perlen und Kokosöl dagegen ein und die Befriedi-*
*gung ihrer übertierischen Sinnlichkeit.*

Dabei hätte sich das Sterben wenigstens eindämmen lassen. Hundert
Jahre später jedenfalls schienen deutsche Kolonialbeamte manche
Lektion gelernt zu haben. Margit Davies schreibt über das Gesund-
heitssystem von Kaiser-Wilhelm-Land (Neuguinea) und dem Bismarck-Archipel zwar auch von eingeschleppten Krankheiten, doch
gab es immerhin relativ bald medizinische Versorgung. Und der

*Alkoholkonsum durch Einheimische wurde nie zum Problem.*
*Der Verkauf von Alkoholika an die einheimische Bevölkerung*
*war gesetzlich verboten, und dieses Verbot wurde auch effektiv*
*durchgesetzt. Unter Europäern war allerdings der Genuß von*
*Alkoholika weit verbreitet. Der Alkoholmißbrauch wurde nie*
*öffentlich diskutiert, aber es gibt genügend Hinweise dafür, daß*
*eine Reihe von Weißen alkoholikerähnliche Probleme besaßen.*

Auf Hawaii und Tahiti blieb der Alkohol ein Fluch, auf Tahiti rück-
te er sogar in staatspolitischen Rang. Und das kam so: Nach Wallis,

Bougainville und Cook kamen immer weitere Schiffe nach Tahiti, deren Besatzungsmitglieder häufig zur Desertion aufgefordert wurden, hofften doch die heimischen Herrscher, mit Hilfe der Europäer ihren Herrschaftsbereich ausweiten zu können. Die Matrosen wurden quasi Militärberater, und König Tu, der spätere Pomare I., schuf mit ihnen ein größeres Tahiti. Bis 1808 hatten sich – auch dank der Berater – überall auf den Inseln Geschlechtskrankheiten, Feuerwaffen und andere Seuchen verbreitet, was die Bevölkerung dezimierte, doch die Herrschaft des Königtums fest etablierte. Damit nicht genug, wurde König Pomare II. ein schwerer Trinker, der den westlichen Einflüssen kaum etwas entgegensetzte. Missionare hatten also relativ freie Hand und versuchten alles, den heimischen Kult zu zerstören, stießen aber in der Bevölkerung bei der Abschaffung von Tabu, Tätowierung und Tötung unerwünschter Kinder auf viel hinhaltenden Widerstand. Pomare IV., eine Tochter Pomares II., dessen minderjähriger Sohn im Kindesalter verstorben war, war eine andere Herrscherin, sie versuchte, die Missionare loszuwerden. Dem Druck französischer Kriegsschiffe mußte sie sich gleichwohl beugen und ein Protektorat anerkennen. Ihr trunksüchtiger Sohn Pomare V. schließlich verkaufte das Land an Frankreich. Der Preis: eine Leibrente zur Finanzierung seines Alkoholismus von 5000 Francs monatlich; 1880 wurde Tahiti offiziell französisch.

Auf dem gewaltigen Grabmal Pomares V., einer Art spitzenloser Turmpyramide, steht ein großes, hohes Gefäß mit Hals, das wohl eine klassische Urne darstellen soll, doch die Fremdenführer erzählen heute jedem, Benediktiner-Likör sei

*Grab Pomares V.*

das Lieblingsgetränk von Pomare V. gewesen und er habe deshalb eine Likörflasche auf seinem Grab plazieren lassen.

Noch immer ist Tahiti französisch und hängt am Tropf der »grande nation«, die vor allem wegen der Atombombenversuche sehr viel Geld investierte. Auf den 1042 km² leben heute etwa 150 000 Menschen, fast 80 000 allein im Großraum Papeete, davon vielleicht 20 000 in Slums. Ungefähr 78 % sind Einheimische, etwa 12 % Chinesen und etwa 10 % Europäer. Die Franzosen wie die Ausländer bekommen höhere Löhne und bessere Jobs.

Auf Hawaii sieht es etwas besser aus, weil der amerikanische Tourismus mehr Geld auf die Insel spült. Reine Hawaiianer gibt es praktisch nicht, weil die Vermischung mit den Ausländern, die »kanaka haole« genannt wurden, so häufig war. 1900 gab es 154 000 Einwohner insgesamt, 1950 500 000, 2004 1 300 000. Alleine Oahu hat 845 000 Einwohner, und die Verstädterung der Hauptinseln nimmt weiter zu. Es wohnen so viele Japaner wie Weiße (je 23 %) auf Hawaii, dazu 11 % Filipinos, 10 % Hawaiianer, 10 % Teilhawaiianer, 5 % Chinesen, 1 % Koreaner.

Schon die Menge der Ausländer auf Tahiti wie auf Hawaii erklärt, daß es hier wie dort heute Bier gibt, allerdings wird nur auf Tahiti ein weltbekanntes gebraut: Hinano, von der Brasserie de Tahiti in Papeete. 1914 gegründet, stellte sie erst ein Gebräu namens Aorai her, 1955 wurde alles modernisiert und seitdem Hinano produziert und in alle Welt exportiert. Heineken, deren Bier in Papeete in Lizenz gebraut wird, unterstützt seit 1976 die Brasserie. Der Zeit folgend, bietet man seit 1982 eine alkoholfreie Variante namens »Vaitia« und seit 1992 das Leichtbier Hei-Lager-Gold an. 30 000 hl füllt man hier pro Jahr in Flaschen und Dosen ab. Wer Bier kaufen möchte, sollte jedoch an die Alkoholverkaufsbeschränkungen in den Supermärkten ab werktags 17 Uhr und an Sonn- und Feiertagen denken. Solche Maßnahmen helfen allerdings nicht, das gravierende Alkohol-Problem der Tahitianer in den Griff zu bekommen.

Es gibt immerhin Gegenden, in denen die Einbindung neuer Getränke in alte Riten zu einer weniger verderblichen Wirkung führt. So berichtet der Ethnologe Kauraka Kauraka von der Sitte auf Rarotonga, aus Kokospalmen-Stümpfen

*riesige Schüsseln zu schnitzen, in denen man 50 bis 90 Liter Bier*
*brauen kann. Auf der kleinen Insel Atiu gibt es ein ganzes Ritual*
*um die Herstellung und Verwendung dieser tumunu. Wenn eine*
*solche Schüssel ausgehöhlt worden ist, findet eine Taufzeremonie*
*statt: die Schüssel bekommt einen Namen, danach trinken die*
*Männer das Bier. Frauen dürfen daran nicht teilnehmen.*

Auf Hawaii gab es schon lange eine größere Menge Deutscher, eine
Zeitlang orientierte man sich an preußischen Uniformen, und die
Nationalhymne verdankte sich einem deutschen Komponisten auf
Hawaii, der in königlichen Diensten stand. Bier gab es deshalb spä-
testens bereits im 19. Jahrhundert, wenn es auch längere Zeit impor-
tiert werden mußte.

Heute gibt es etwa 150 Biersorten auf der Insel und zahlreiche
»mini-breweries«, von denen vor allem die »Kona Brewing Company« auf Big Island und die »Gordon Biersch Brewing Company« in
Honolulu gelobt werden. »Kona Brewing« zeigt ein Faible für poetische Sortenbezeichnungen wie »Fire Rock Pale Ale«, »Longboard
Lager«, »Big Wave Golden Ale«, »Old Blowhole Barley Wine« – mit
12,5 Vol.-%! – und schließlich »Hula Hefeweizen« (sic!), das auf
der Homepage so angepriesen wird: »Medium to full-bodied with a
pronounced banana/herbal flavor ·and aroma. This beer's unique
flavor profile is a result of the special type of Bavarian yeast strain
used to brew the beer.« Noch bayerischer kommt die »Gordon

*Etiketten hawaiianischer Biersorten*

Biersch Brewing Company« daher, deren Mutterhaus in San José liegt. Der für alles, auch für Hawaii zuständige Braumeister hat in Weihenstephan seinen Ingenieur gemacht und braut streng nach dem Reinheitsgebot Deutsches Lager, Pilsener, Dunkles und Blonden Bock.

Wenn Sie, geneigter Leser, nun selbst auf Tahiti oder Hawaii in der Landessprache ein Bier bestellen wollen, so müssen Sie nur freundlich »pia« rufen, ein Wort, das aus dem englischen »beer« entstand. (Ohne es zu wissen, kennen Sie bereits weitere Wörter Tahitianisch und Hawaiianisch, denken Sie an Pareo, Tabu oder Tatau, aus dem die Tätowierung wurde.) Hoffen wir, daß auf Hawaii und überall in der Südsee immer mehr Menschen die Segnungen des Bieres genießen, ohne seinem Fluch anheimzufallen, so daß sie »Maitai« sagen können, was so viel heißt wie: »Mir geht es gut.« Senden wir denn gen Hawaii und Tahiti ein inständiges: »manuia«: »Auf ihre Gesundheit!«

*Die Bewohner von Tahiti überreichen Geschenke an Kapitän Cook*

# Durst ist kein Privileg der Wüste

## Von Rationalisierungsgenies, Delirien und Kannibalen

*Nur wer gehungert hat, weiß,*
*was Essen wert ist; nur Seeleute*
*und Wüstenwanderer wissen*
*frisches Wasser zu schätzen.*
Jack London, König Alkohol

*Si bene calculum ponas,*
*ubique naufragium.*
*(Wenn man es recht besieht,*
*ist überall Schiffbruch.)*
Petronius, Satyricon

MEINE DAMEN, MEINE HERREN, wir erheben uns von unseren Plätzen! Gedenken wir der Walfangboote der »Essex«, des Floßes der »Medusa«, der Barkasse der »Bounty«, der Boote der »Pandora« und vieler hundert anderer Unglücksfahrzeuge, die auf dem Meere umherirrten und noch umherirren nach schrecklichem Schiffbruch, mit ungenügendem Proviant, wenig oder keinen nautischen Hilfsmitteln! Nach all dem Trinken muß vom Durst die Rede sein und von den zermürbenden, in den Wahnsinn treibenden Qualen, die Menschen auf See überstanden oder auch nicht:

*Von nun an begannen unsere extremen Leiden. Erzwungene Entbehrung von Trinkwasser zählt zu Recht zu den bedrohlichsten Erfahrungen im Leben eines Menschen. Die Gewalt quälenden Durstes ist im Katalog menschlicher Nöte ohne Vergleich. Es war unser schweres Los, die Wahrheit dieses Satzes mit ganzer Macht zu spüren, und später sollte uns die schiere Not dazu zwingen, Zuflucht bei einer der Verrichtungen der Natur zu suchen.*

Owen Chase, der Erste Offizier des Walfängers »Essex«, beschreibt hier den Zustand von insgesamt 20 Mann, die in drei leichten Walfangbooten mitten im Pazifik treiben. Acht Tage nur, nachdem ein etwa 28 m langer Pottwal das Schiff gerammt und versenkt hat, beginnen die »extremen Leiden«. Dabei werden Chase, der eine Art Logbuch führt, Kapitän Pollard und die achtzehn Seeleute noch viel schlimmere Tage zu überstehen haben. Zwölf von ihnen gehen zugrunde, an Entkräftung durch Hunger, Durst, Unterkühlung, acht überstehen unter größten Entbehrungen und schauerlichen Umständen die Qualen und werden gerettet. Daß sie von Leichnamen sich ernähren, daß in dem einen Boot, als keine andere Möglichkeit mehr bleibt, sogar das Los geworfen, der Verlierer erschossen und von seinen Kameraden als Proviant benutzt wird, wird ihnen niemand vorwerfen. Alle fahren später wieder zur See, vergessen werden sie ihre Leiden nie. Keiner von ihnen wird mehr erleben, daß sie gleich doppelt in die Weltliteratur eingehen: Edgar Allan Poes *Erzählung des Arthur Gordon Pym aus Nantucket* und Herman Melvilles *Moby Dick* fußen beide auf den spektakulären Ereignissen nach dem Untergang der »Essex«, die 1820/21 geschahen. Beide Autoren formen allerdings alles derart durchgreifend um, daß nur ein paar Tatsachen und der Stoff bleiben. Die Leiden, die Chase undetailliert, oft indirekt, ja verhüllend erwähnt, beschreibt Poe grell, direkt, in allen Einzelheiten; ein Trip des Grauens durch die Wasserwüste.

Keine Wüste gleicht in ihrer Ausdehnung den Meeren – hier gibt es immerhin die Chance, eine Oase zu erreichen, einen Brunnen oder ein Wadi mit Wasserresten. Tödlich schön aber sind beide, ehrfurchtgebietend, scheinbar unendlich, wellenreich, schattenlos, dem menschlichen Leben feind, übermächtig. Wer sich auf See oder in die Wüste begibt, und sei es auf Zeit, muß sich auf Grenzerfahrungen gefaßt machen. Allen modernen Errungenschaften zum Trotz.

Mitte September 2004 gerät in der Nähe der Scilly-Inseln, die nur etwa 22 Seemeilen von der Südwestspitze Englands entfernt liegen, die 60-Fuß-Ketsch »Inis Mil« in Seenot. Wasser dringt schnell ein, Notrufmeldungen bleiben erfolglos, so daß sich die fünf Besatzungsmitglieder entschließen, das Schiff zu verlassen. Die französische Eignerin, der irische Skipper und sein Sohn, ein junger Australier und der deutsche Vorbesitzer steigen in die Rettungsinsel mit einigen

Vorräten, hoffen aber, in dieser vielbefahrenen Gegend bald aufge-
fischt zu werden. Tatsächlich werden Suchoperationen eingeleitet,
als man die Ketsch vermißt, doch verlaufen sie ergebnislos. Nach
fünf Tagen ist auf der Rettungsinsel das Trinkwasser verbraucht.
Erst nach zwei weiteren Tagen treibt sie mit viel Glück so nah an die
Küste Cornwalls heran, daß ein Handy funktioniert und Hilfe geru-
fen werden kann.

Wieviel länger hätten die fünf wohl ausgehalten? Was wäre ihnen
geschehen, wenn es nur zwei, drei Tage länger gedauert hätte? Was
hätten sie tun können? Was geschieht, wenn man Durst leidet, wenn
man verdurstet?

Der Mensch gleicht in gewisser Weise einem Aquarium, in dem
Zellen schwimmen, die Zellen selbst sind wiederum ein Aquarium
für ihre Organellen. Schon damit die Bewohner der Aquarien sich bewegen können, benötigt der Körper Wasser. Gleichzeitig dienen die
Körperflüssigkeiten unterschiedlichsten Aufgaben: Das Blut transportiert nicht nur die Zellen, sondern auch den Sauerstoff, Stoff-
wechselprodukte, Botenstoffe etc., das Lymphsystem dient mit seiner
Flüssigkeit der Körperabwehr, die Schleim- und Speichelproduktion
hält Organe wie die Zunge beweglich und transportiert Fremdkörper
und Nahrung, die dabei vorverdaut wird, weiter. Der Urin scheidet
Schadstoffe und Abfallprodukte aus, im gesamten Verdauungsappa-
rat sorgt Wasser dafür, die Nahrung beweglich zu halten und sie
mittels Säuren und Säften aufzuschließen. Und das sind noch lange
nicht alle Aufgaben des Wassers im Körper.

Kein Wunder, daß etwa zwei Drittel des Menschen aus Wasser
bestehen (ca. 42 kg bei einem 70-kg-Mann). Obwohl es uns nicht
bewußt ist, regelt der Körper die Menge des Wassers sehr genau.
Schon wenn die Sättigung mit Wasser um 0,22 % des Körperge-
wichts differiert, das wäre eine halbe Tasse bei einem 70 kg schweren Menschen, reagiert der Organismus, indem er, was zuviel hinein
gekommen ist, durch Schwitzen und Urinieren ausscheidet oder, falls
Wasser fehlt, die Nierenfunktion und die Schweißproduktion reduziert. Das meiste Wasser verliert man über den Urin, wohingegen
über den Schweiß in der Regel nur etwa ein Drittel verdunstet, unter
extremen Bedingungen kann dieser Wert auf die Hälfte hochschnel-
len.

Einen Extremfall durchlitten die bereits erwähnten Chase, Pollard und die anderen Männer der »Essex« zweifellos. In offenen Walbooten trieben oder segelten sie insgesamt um die 90 Tage auf dem Pazifik. Die Hitze, Nässe und Kälte, Lecks im Boot, dauerndes Wasserschöpfen, Angriffe durch Fische, Hunger und Durst und Verzweiflung über die aussichtslose Lage bedeuteten kaum erträgliche psychische und physische Belastungen.

Allerdings brachten Seeleute und gerade Walfänger durch ihren an sich schon harten Bordalltag die bestmöglichen Voraussetzungen mit, diese Notsituation durchzustehen. Als der Wal die »Essex« versenkte, lagen schon 14 Monate auf See hinter den Männern. Das sinkende Schiff verursachte eine kleine Walölpest, weil die Lagerräume fast gefüllt waren. Immerhin trieb die »Essex« noch eine Zeit, so daß die Männer 600 Pfund Schiffszwieback und einige Schildkröten bergen konnten, dazu je 65 Gallonen Wasser für die drei Boote.

Sofort rationieren die Männer die Vorräte. Pro Mann und Tag gibt es zirka 540 g Schiffszwieback und einen guten Viertelliter Wasser: eine absolute Mangelration. Empfohlen wird etwa eine Flüssigkeitsaufnahme von 2–3 l am Tag. Durch die Nahrung kommt je nach Beschaffenheit leicht noch ein weiterer Liter hinzu. Bedenkt man, daß unter sengender Sonne und bei körperlichen Anstrengungen bis zu 1,5 l Flüssigkeit pro Stunde (!) ausgeschieden werden, wird die Qual der Männer deutlich. Der Proviant macht die Sache nur noch schlimmer, ist doch Schiffszwieback extrem trocken (4–5 % Feuchtigkeit, normales Brot hat ca. 45 %), hart und ohne Wasser kaum zu schlucken; bei den durstigen Männern bildet sich zudem immer weniger Speichel, so daß zu den Qualen des Hungers und des Durstes die des Essens kommen. Unglücklicherweise gerät ein Teil des Schiffszwiebacks ins Salzwasser, das er sofort aufnimmt. Da jedoch so wenig Proviant an Bord ist, muß auch dieser salzige Zwieback gegessen werden, der den Durst verstärkt. Das wenige Wasser der Ration reicht gerade dazu, den Mund ein wenig feucht zu halten, wenn man es einzuteilen vermag. Ab und zu tötet man eine der Schildkröten und verteilt das Blut an die, die es über sich bringen, es zu trinken. Zehn Tage nach dem Untergang der »Essex« sind es immerhin noch einige, deren Ekel ihren Durst übertrifft. Kaum mehr als ein Zehntel Liter Blut, das einen stärkenden Effekt hat, gibt es für die übrigen.

Schlechtes Wetter bedroht die drei Boote, gleichzeitig bringt es Regen. Chase versucht ihn aufzufangen, indem er ein Segel aufspannt, etwas zur Beschwerung in die Mitte legt und darunter einen Eimer stellt. Tatsächlich sickert er rasch voll, doch ebenso rasch die Enttäuschung: Untrinkbar ist das Wasser, fast salziger als die See umher. Das Segeltuch, das immer wieder von Brechern naß wurde und in der Sonne trocknete, steckt voller Salz, das sich in das Süßwasser löst und es verdirbt. Es bleibt nichts, als den Regen so aufzufangen, ihn in den Mund rinnen zu lassen, was allerdings nur eine geringe Ausbeute ergibt.

Vereinzelt trinken die Leute Seewasser, das kurz Erleichterung verschafft, dann aber den Durst noch vergrößert, weil der Körper, wie Wolfgang Schadewaldt ausführt, die Salze ausscheiden muß, wozu er mehr Wasser benötigt, als ihm zugeführt wird;

*so sind sich die Fachleute darüber einig, daß Seewassergenuß spätestens am 7. oder 8. Tag zum unweigerlichen Ende des Betreffenden infolge mit dem Leben unvereinbarer osmotischer Mineralverschiebung im Organismus führen muß ...*

*In einer Gruppe von Schiffbrüchigen, die Seewasser tranken, betrug die Mortalität 38,8 %, in einer anderen, die darauf standhaft verzichtete, nur 3,3 %.*

Ein ähnlicher, allerdings nicht so eindeutiger Effekt tritt bei Menschen ein, welche ihren Urin trinken; mit Eigenurintherapie hat das nichts zu tun, weil im Normalfall ja ausreichend andere Flüssigkeit getrunken wird. Im Notfall sieht es anders aus. Einerseits wird verlorene Flüssigkeit dem Körper wieder zugeführt, gleichzeitig nimmt man jedoch Schadstoffe, die gerade im Urin Verdurstender wesentlich konzentrierter enthalten sind, auf, welche den Organismus vergiften.

Am 20. 12. notiert Chase: »Land in Sicht.« Alle in den Booten sind euphorisch. Das Glück, wieder festen Boden unter den Füßen zu spüren, weicht allerdings bald einer schrecklichen Enttäuschung, denn sie finden hier kein Wasser. Chase beschreibt nach einem Tag auf der Insel die Folgen von 31 Tagen voller Entbehrungen:

*Allmählich bekamen wir einen so grauenvoll peinigenden Durst, daß wir kaum noch sprechen konnten. Unsere Lippen platzten auf und schwollen an, in unseren Mündern sammelte sich eine Art zäher Schleim, der unerträglich schmeckte und unbeschreiblich ekelhaft war. Unsere Körper bestanden fast nur noch aus Haut und Knochen, so kraftlos, daß wir einander schon bei der leichtesten Tätigkeit helfen mußten. Ohne jede Besserung, so fühlten wir, würde die Natur bald über uns siegen.*

Was geschieht, wenn dem Körper über einen so langen Zeitraum ständig erheblich zu wenig Wasser zugeführt wird? Wie bei absinkender Körpertemperatur auch oder bei mangelnder Sauerstoffversorgung reduziert der Organismus die Sättigung des Gewebes mit Wasser grundsätzlich von außen nach innen. Deshalb springen beispielsweise die Lippen auf. Peter Stark, der sich mit Todesarten beschäftigt, beschreibt das Verdursten so:

*Der Körper verkraftet ohne ernsthafte Probleme ein Wasserdefizit von 3–4 % seines Gewichts, wenn man auch starken Durst leidet, da dieser bei einem Defizit von 0,8 % oder etwa einem halben Liter einsetzt. Bei einem Defizit von 5–8 % – entspricht 3–5 l – ist der Betreffende bereits erschöpft; er klagt und kann leicht kollabieren. Bei etwa 10 % – also 8,5 l – kann das Opfer nicht mehr schlucken und fällt mit großer Wahrscheinlichkeit in einen Schockzustand. Der Tod tritt bei einem Defizit irgendwo zwischen 10 und 25 % ein.*

Ab 10 % beginnt man, bei lebendigem Leib zu mumifizieren. Stark erwähnt auch eine anschauliche Skala, die amerikanische Wüstenbewohner für Durst aufstellten: 1. Schimpfstadium 2. Wattemundstadium 3. Schwellzungenstadium 4. Schrumpelzungenstadium 5. Blutschwitzstadium 6. Lebender-Leichnam-Stadium.

Natürlich kann man die Verhältnisse in der Wüste und auf See nicht einfach gleichsetzen. Unmöglich hätten die 20 Männer in der Sahara so lange ausgehalten! Meerluft hat einen sehr viel höheren Feuchtigkeitsgehalt, weswegen man Flüssigkeit über die Atmung aufnehmen kann, statt sie zu verlieren. Die Temperaturen liegen nie so hoch wie in der Wüste, zuweilen stellt sogar Auskühlung das größere Problem dar; der Wasserbedarf ist dadurch bedeutend geringer. Die Möglichkeit, die Gliedmaßen zu kühlen, indem man sie über Bord hängen läßt, verringert ebenfalls den Flüssigkeitsverbrauch. Es gibt – zumindest theoretisch – eine gute Möglichkeit, Fische zu fangen und durch Regen wenigstens etwas Trinkbares zu bekommen. Schließlich erfordert die Fortbewegung durch Segel oder Drift kaum Körpereinsatz; Bewegungslosigkeit reduziert den Wasserverlust erheblich, er kann sogar auf ein Viertel sinken.

Auf der Insel können sich Chase und die seinen das natürlich nicht leisten. Sie suchen verzweifelt nach einer Quelle, spalten sogar einen Felsen, weil sie darin Wasser vermuten – ein Irrtum, der viel Kraft kostet und keinen Gewinn bringt. Immerhin können sie Seevögel und Fische fangen, Eier sammeln und Tang. Als sie sich schon entschließen, weiterzufahren, finden sie doch noch eine Quelle. Alle trinken sich satt und schöpfen neuen Mut. Allerdings macht sich nun das Hungerproblem bemerkbar, da für sieben Menschen nicht genügend Essen auf der Insel zu finden ist. Am 27. 12. machen sich deshalb vier der Männer – drei bleiben auf eigenen Wunsch zurück – wieder auf, wenn auch mit geringem Proviant, so doch immerhin mit erneuerten Wasservorräten. Die drei zurückgebliebenen werden am 5. 4. 1821 von der Insel gerettet.

Im Boot fordern die Entbehrungen am 10. Januar das erste Opfer, das dem Meer übergeben wird. Zwei Tage später verliert das Boot von Chase den Kontakt zu den anderen. Die Ration Schiffszwieback sinkt auf 40 g. Am 21. Januar stirbt der nächste, wieder wird er seebestattet, so gut es geht. Inzwischen quält der Hunger viel mehr als der Durst, und Essensträume stellen sich ein: »Ich träumte,« schreibt Chase,

*an einem prachtvollen, reich gedeckten Tisch zu sitzen, an dem es alles gab, was der verwöhnteste Gaumen begehrt, und stellte mir den Augenblick vor, da wir hingerissen und voller Vorfreude an der Tafel Platz nehmen würden. Gerade, als ich mich anschickte, von den Speisen zu essen, erwachte ich aus dem Traum und sah mich der unbarmherzigen Wirklichkeit unserer elenden Lage gegenüber.*

Später wird der Steuermann eine noch quälendere Vision erleben, als ihm ein Schiff vorschwebt, das er sich nur erträumt hat.

Als am 8. Februar ein dritter Mann stirbt, schlägt Chase vor, Teile von ihm zu essen, was geschieht. Tatsächlich stärkt das Mahl, allem Grauen zum Trotz, sehr. Am 18. Februar, 90 Tage nach dem Untergang der »Essex«, werden die völlig erschöpfen Männer von der Brigg »Indian« aufgenommen.

Selbst den Geretteten drohen Gefahren vom Wasser, kann doch auch zuviel Trinkwasser töten, wenn die Nieren nicht mehr mit dem Ausscheiden nachkommen, die Mineralstoffe im Blut zu stark verdünnt und zuviel ausgeschieden werden. Der Experimental-Archäologe Thor Heyerdahl machte ansatzweise diese Erfahrung, als er 1947 mit seinem Balsaholz-Floß »Kontiki« beweisen wollte, daß Polynesien von Südamerika aus besiedelt worden sei – eine später widerlegte These. In einem längeren Abschnitt beschreibt er Möglichkeiten und Gefahren des Trinkens auf See:

*Die alten Eingeborenen kannten den Trick genau, zu dem auch viele Schiffbrüchige während des Krieges sich durchfanden, daß man nämlich durststillende Beutel mit rohem Fisch kauen kann. Man kann auch den Saft auspressen, dadurch, daß man die Fischstücke in einem Tuch auswindet, oder, wenn der Fisch groß ist, kann man einfach Gruben in seine Seite schneiden, die sich rasch aus den Lymphen des Fisches anfüllen. Wenn man etwas Besseres zu trinken hat, so schmeckt das nicht gut. Aber der Salzgehalt ist gering genug, um den Durst zu löschen ... Wenn man in der Wärme von Durst geplagt wird, nimmt man es gerne für gegeben, daß der Körper nach Wasser verlangt ... An einem richtig heißen Tag in den Tropen kann man sich mit lauwarmem Wasser anschlabbern, bis man es oben im Hals stehen spürt, und trotzdem durstig bleibt. Da braucht der Körper nämlich nicht Feuchtigkeit, sondern, merkwürdig genug Salz ... An solchen Tagen setzten wir zwanzig bis vierzig Prozent Seewasser der Frischwasserration zu und fanden zu unserer Überraschung, daß dieses Brackwasser den Durst löschte. Noch lange hintendrein spürten wir den Seegeschmack, aber nie wurde uns übel. So wurde unser Wasservorrat bedeutend gestreckt.*

Ein Floß, größer und chaotischer als die »Kontiki«, wurde 1816 zu einem solch gräßlichen Schauplatz des Hungers, des Durstes, des Wahnsinns, der Grausamkeit und des Todes, daß es zu einem Symbol für die Schrecken der Moderne werden konnte: das Floß der »Medusa«. Das berühmte Bild von Théodore Géricault mit diesem Titel zeigt das Ende des Grauens, die Rettung, und er stilisiert und ästhetisiert das Floß, die Menschen, die Tatsachen; man muß sich nur die muskulösen, antikischen Körper der Lebenden und der Toten auf dem Floß ansehen. Géricault veschönerte die Szene nicht nur aus künstlerischen Gründen, sondern auch weil das Bild an sich provozierte, kannte doch inzwischen die Öffentlichkeit die meisten der schrecklichen Geschehnisse und erkannte die Anklage hinter diesem Meisterwerk auch ohne realistische Drastik. Auf Skizzen hatte Géricault drastischere Szenen festzuhalten versucht, doch wahrscheinlich dachte er an das Einmaleins des Horrors: Nichts kann so schrecklich dargestellt werden, wie es sich der Betrachter angesichts von Andeutungen ausmalt. Was liegt also hinter den fünfzehn Überlebenden auf dem Floß?

*Théodore Géricault: Die Meuterei auf dem Floß. Vorstudie zu dem Gemälde*
*»Das Floß der Medusa«*

Die Fregatte »La Méduse« begleitet im Jahr 1816 einen Konvoy nach Senegal als Flaggschiff. Sie findet sich jedoch nicht weit von St. Louis wegen ihres unfähigen Kapitäns Hugues Duroy de Chaumareys allein und steuert recht planlos durch die seichten Gewässer. Am 2. 7. 1816 läuft sie vor der westafrikanischen Küste, südlich von Cap Blanc, 19° 36' nördlicher Breite und 19°45' westlicher Länge (nach dem Pariser Nullmeridian) auf Grund. An Bord befinden sich etwa 400 Menschen, Crew, Soldaten, Passagiere. Alle Versuche, daß Schiff wieder flottzukriegen, scheitern, es muß verlassen werden. Allerdings reichen die sechs Beiboote, von denen sich manche schon in schlechtem Zustand befinden, nur für etwa 250 Personen. Um den Rest fortzubringen, baut man aus Masten und Planken ein stabiles Floß von etwa 20 x 8 m. Taue halten das improvisierte Fahrzeug zusammen.

Nur drei Tage nach dem Auflaufen beginnt die »Méduse« auseinanderzubrechen, und in großer Hast verlassen die Menschen völlig ungeordnet das Schiff. Große Mengen an Proviant bleiben deshalb an Bord oder werden ins Meer geworfen. Auf dem Floß befinden sich schließlich nur sechs Fässer mit Wein, zwei Fäßchen Wasser, doch nicht ein einziges Faß mit Schiffszwieback, dafür einige Fässer mit Mehl; das Mehl wird allerdings über Bord geworfen, als schnell klar wird, daß das Floß die Last nicht tragen kann.

Während der Kapitän und die Offiziere sich in die Boote retten, erwarten sie von den Soldaten und einfacheren Seeleuten, das Floß zu befehligen und zu manövrieren. Die Last von immer mehr dicht gedrängten Menschen drückt das Floß tief unter die Wasseroberfläche. Einer der Überlebenden, der Arzt Henri Savigny, schreibt:

*… es war mindestens drei Fuß tief gesunken, und so dicht waren wir zusammengedrängt, daß es unmöglich war, nur einen einzigen Schritt zu tun. Vor und hinter uns stand uns das Wasser bis zur Körpermitte.*

120 Soldaten, 29 Seeleute und Passagiere sowie eine Frau, eine Marketenderin, die mit ihrem Mann unterwegs nach St. Louis war, halten sich auf diese Weise kaum über Wasser. Immerhin genügt der Auftrieb, um nicht vollends zu versinken; ein Umstand, der auf den

meisten zeitgenössischen Darstellungen nicht berücksichtigt wird. Im letzten Moment wirft man den Unglücklichen im Wasser von der Fregatte noch einen Sack mit 25 Pfund Schiffszwieback zu.

Der Plan besteht nun darin, die Boote und das Floß, die mittels Tauen zu einen Konvoy verbunden sind, an die Küste zu rudern. Doch schon nach zwei Seemeilen Fahrt lösen die Boote untereinander die Verbindung und überlassen auch das Floß seinem Schicksal. Ohne Ruder oder sinnvolle Segel, auf sich selbst gestellt und der Strömung ausgeliefert, treiben die 150 Unglücklichen vor der Küste, die zu diesem Zeitpunkt wohl in 12 bis 15 Seemeilen Entfernung liegt.

Was folgt, wissen wir nur aus dem Bericht, den zwei Überlebende, der Arzt Henri Savigny und der Techniker und Geograph Alexandre Corréard, verfaßten. Nachdem auf dem Floß viele Ungeheuerlichkeiten geschahen, kann man vermuten, daß nicht alles exakt der Wahrheit entspricht, obwohl die beiden es oft beteuern; schließlich verfolgen auch sie Interessen bei der Darstellung und Interpretation der Fakten, an denen selbst allerdings niemand zweifelt.

Ohne Anker, Karten oder Kompaß an Bord – außer einem Taschenexemplar, das unglücklicherweise nach wenigen Stunden herunterfällt und zwischen den Bohlen verschwindet – gibt es nur geringe Chancen, Land zu erreichen. Der Schiffszwieback wird gleich bei der ersten Verteilung aufgebraucht. Hoher Seegang und absolute Dunkelheit bereiten den Menschen auf dem Floß eine fürchterliche Nacht, zumal viele von ihnen völlig seeunerfahren sind. Etwa zwanzig sterben, werden vom Floß gespült oder verfangen sich in Seilen und ertrinken.

Am Tag, so heißt es, werfen sich drei weitere freiwillig in die See, um nicht langsam zugrunde zu gehen. Viele rechnen allerdings immer noch damit, die Boote wieder zu sichten oder wenigstens von ihnen Hilfe geschickt zu bekommen.

In der zweiten Nacht wüten Stürme und Wogen noch schlimmer unter den Menschen auf dem Floß, das weiterhin tief unter der Wasseroberfläche treibt. Nur in der Mitte kann man sich einigermaßen sicher halten. Dort werden einige, die gestolpert sind, von den Nachdrängenden einfach erdrückt. Die allgemeine Verzweiflung und Todesgewißheit läßt einige Soldaten und Seeleute Vergessen im Wein suchen, bis sie betrunken sind. Eine Meuterei des Todes bricht aus; die Trunkenen wollen angeblich die Offiziere töten und das Floß zerstören. Zwischen den Todesgierigen und den Überlebenswilligen beginnt eine ungeheuerliche Schlacht. Säbel, Messer, Gewehre, die als Keulen eingesetzt werden, richten auf beiden Seiten Schreckliches an. Um elf Uhr nachts geben die Meuterer auf und bitten um Pardon, das ihnen gewährt wird. Um Mitternacht greifen sie allerdings erneut an, mit verdoppelter Wut, manche, die keine Waffe haben, benutzen ihre Zähne ... Was damals wirklich geschieht, wird sich nicht mit Sicherheit sagen lassen, daß Irrsinn herrschte, steht jedoch außer Frage. Verschiedene Überlebende bestätigen, daß sie und viele andere unter Wahnvorstellungen, Trancezuständen, Trugbildern litten: Sie sahen sich in angenehmen Gegenden, träumten, sie seien noch auf dem Schiff, sahen rettende Fahrzeuge. Manche meinen, sie hätten am Morgen geglaubt, die Schlacht in der Nacht nur geträumt zu haben. 60–65 Männer überleben diesen wahren Albtraum nicht.

Zu ihrem Schreck stellen die anderen fest, daß auch zwei Weinfässer und die beiden Wasserfässer von den Meuterern über Bord geworfen wurden. Nachdem zwei Fässer am vorigen Tag geleert worden sind, bleibt nur noch eines für sechzig Personen übrig. Immerhin liegt das Floß wegen der vielen Fortgeschwemmten und Getöteten nicht mehr so tief im Wasser, aber immer noch stehen die Schiffbrüchigen knietief darin. Kaum einer der Überlebenden ist ohne Wunde, Quetschungen, Brüche. Stärker quält der immer schlimmere Hunger, da viele, schon wegen des hastigen Verlassens der »Méduse«, seit drei Tagen fast nichts mehr gegessen haben. Die ersten beginnen, von den Leichen, die teils nach der Nachtschlacht noch herumliegen, Stücke abzuschneiden und roh zu verzehren. Andere wollen die Stücke erst trocknen, um sie mit weniger Ekel essen zu können. Einige versuchen, Leder, Leinen, Dreck, ja sogar ihre Exkremente zu essen, um nicht zu Kannibalen zu werden.

In der dritten Nacht herrscht ruhige See und erlaubt etwas Ruhe, doch Erschöpfung, Hunger und Durst fordern weitere Opfer. Am Morgen gibt es etwa ein Dutzend neuer Toter. Ein zweiter Gutwettertag hellt die Stimmung auf, zumal die Männer etwa 200 fliegende Fische fangen können, die allerdings sehr klein sind, so daß sie nur erfrischen. Ein Herd wird improvisiert, auf dem Fische und Menschenfleischstücke gebraten werden. Beides miteinander läßt sich leichter verzehren. Von nun an essen alle von ihren Toten. Da der Herd selbst am Ende verbrennt, müssen sie danach wieder roh verzehrt werden.

In der Nacht brechen wiederum blutige Kämpfe aus, diesmal, wie es heißt, um das gemeinsame Geld zu erbeuten, das gesammelt und am Mast in einem Beutel gesichert worden war. Am Morgen leben auf dem Floß nur noch 30. Um ihren Durst zu stillen, schleichen sich zwei Soldaten hinter das Weinfaß und bohren es an. Sie werden ertappt und, wie es vorher gemeinsam vereinbart worden war, exekutiert, indem man sie in die See wirft; ein Zwölfjähriger stirbt still. Inzwischen sind die Füße und Unterschenkel aller vom Meerwasser vollkommen aufgeweicht, Geschwüre bilden sich, Wunden der Kämpfe schwären. Von den 27 an Bord, berichten die Überlebenden, sind ein Dutzend schwer verwundet, halbtot und unmöglich zu retten. Um die Rationen für die Lebensfähigen zu halten, entschließen sich die Stärkeren, zwölf ihrer Kameraden ins Meer zu stoßen, darunter auch die Frau und ihren Ehemann. Viele Entschuldigungen finden die Überlebenden für diese Mordtat, wortreich erklären sie ihre Gewissensqualen und daß die Kranken unmöglich länger als 48 Stunden hätten weiterleben können. Die Toten kann niemand mehr befragen.

Nach dieser Exekution werfen die Fünfzehn, um ihrem Bund Stabilität zu verleihen und weitere Kämpfe unmöglich zu machen, alle Waffen bis auf einen Säbel in die See. Der Durst nimmt weiter zu, da der restliche Wein streng rationiert ist; die Männer sammeln ihren Urin in Zinnbechern, lassen ihn abkühlen und spülen damit ihren Mund. Allerdings stehlen sich die Männer, wenn es ihnen gelingt, den Urin gegenseitig. Alle suchen Möglichkeiten, den Durst erträglicher zu machen. Viele kühlen sich mit Seewasser oder schwimmen sogar trotz der Gefahr durch Haie neben dem Floß, manche legen Zinn auf ihre Zunge, andere trinken ihren Wein durch einen Federkiel, so daß er länger vorzuhalten scheint. Tage um Tage vergehen, Streit bricht immer wieder aus, Wahnvorstellungen überkommen viele, doch keiner stirbt mehr.

Am dreizehnten Tag allein auf dem Ozean sehen sie endlich ein Schiff in weiter Ferne, stapeln Fässer aufeinander, binden Taschentücher zusammen und helfen einem Leidensgenossen, möglichst hoch am Behelfsmast emporzuklettern, wo er begeistert halb und halb verzweifelt winkt. Doch das Schiff entfernt sich, ohne sie gesehen zu haben.

Am Ende mit ihren Kräften, bauen sich die Männer ein Zelt, unter dem sie einschlafen wollen. Zwei Stunden später jedoch erblickt einer, der sich Kühlung verschaffen will, das Schiff ganz nah. Es ist die französische Brigg »Argus«.

An Bord werden die Geretteten bestmöglich versorgt, dennoch bricht bei einigen der Fünfzehn auch noch nach Tagen eine Art von Wahnsinn durch; einer will ins Meer springen, um sein Taschentuch wiederzuholen, und muß mit Mühe davon abgehalten werden. An Land sterben nach kurzer Zeit dann doch noch fünf der Floßbesatzung.

Die zwei Autoren des Berichts, Henri Savigny und Alexandre Corréard, versuchen, von der Regierung eine Entschädigung zu bekommen, weil der Kapitän sich unverantwortlich und nicht den Vorschriften entsprechend verhalten habe. Sie stoßen jedoch auf harsche Ablehnung, ja sie werden sogar gerichtlich verfolgt. Aus diesem Grund nehmen sie Zuflucht zur Öffentlichkeit und publizieren ihren Bericht, der zum vieldiskutierten Skandalerfolg wird. Corréard gründet wenig später einen Verlag, der allen mit der Regierung Unzufriedenen eine Heimat sein soll und den zündenden Namen »Au naufragé de la Méduse« trägt.

Fürchterliche Ereignisse wie die auf dem Floß der »Medusa« bleiben, trotz der vielen Schiffsunglücke mit anschließenden entbehrungsreichen Fahrten auf ungenügend proviantierten Booten, die Ausnahme. Meist kann man doch seetüchtigere Fahrzeuge besteigen, in der Regel sind es erfahrene und disziplinierte Seeleute, die sich zu retten versuchen, und fast immer verstehen sich die Notleidenden als Schicksalsgemeinschaft.

Ein Paradebeispiel für das Verhalten in einer extremen Notsituation bieten die Vorgänge um die »Bounty«. Am Anfang steht die Meuterei selbst, die keinesfalls der so oft verfluchte Kapitän Bligh auslöste, sondern Trunkenheit und psychische Probleme Fletcher Christians sowie die Sehnsucht vieler an Bord, nach Tahiti zurückzukehren, wo sie Monate paradiesischer Zustände erlebt hatten.

Caroline Alexander verbannt in ihrem Buch über die »Bounty« die Tyrannei des Kapitäns und viele andere spätere Geschichten ins Reich der Legenden. Anzuerkennen bleibt aber die höchst ungewöhnliche seemännische Leistung von Kapitän Bligh, der mit seinen Männern 3600 Seemeilen in einem offenen, überladenen Boot zurücklegte, eine Fahrt, bei der er auf See keinen seiner Leute verliert. 48 Tage lang sind er und seine achtzehn Kameraden in der 7,5-m-Barkasse der »Bounty« unterwegs; ihre größte Breite beträgt rund 2 m, die Höhe nur 84 cm. Als alle an Bord gebracht worden sind, bleibt nicht einmal eine Handbreit Dollbord über Wasser. Fletcher Christian und die anderen Meuterer gewähren den neunzehn Männern als Proviant 150 Pfund Schiffszwieback, 32 Pfund gepökeltes Schweinefleisch, etwa 6 l Rum, sechs Flaschen Wein, zirka 125 l Wasser. Vorräte, die nach üblichem Bedarf für fünf Tage ausreichen. Weitere Männer auf der »Bounty«, die nicht gemeutert haben und lieber mit Bligh gefahren wären, erklären später vor Gericht, daß sie es für Selbstmord erachtet hätten, in die Barkasse zu steigen.

Allerdings liegt nur 30 Seemeilen entfernt die Insel Tofua, was gegen eine Art passiver Tötung durch die Meuterer spricht. Bligh, der seinen Schock überwunden hat, nimmt denn auch Kurs auf die Insel. Dort können die Männer nicht lange bleiben, ja nicht einmal den Proviant ergänzen, denn die Bewohner greifen nach einem Tag unentschiedener Freundlichkeit plötzlich die Männer an und töten den Quartiermeister John Norton, als er versucht, das Boot loszumachen. Glücklich entkommen, beschließt Bligh, solche Gefahren zu meiden und direkt nach Timor zu fahren, wo es holländische Niederlassungen gibt.

Hatte der Kapitän vorher Fingerspitzengefühl vermissen lassen, tut er von jetzt an traumwandlerisch immer das Richtige. Er erreicht ein feierliches Abkommen aller, sich an eine strenge Rationierung zu halten, die bis Timor reichen würde: pro Person ein Siebtel Liter Wasser und 30 g Brot täglich, sehr selten etwas Pökelfleisch, noch seltener etwas Rum. Genauso wichtig ist, daß er den Männern Pflichten auferlegt. Wie an Bord der »Bounty« teilt man die Besatzung in drei Wachen ein; nur so ist auch den einen das Schlafen, den anderen eine gewisse Bewegung möglich. Weitere Aufgaben sind das ununterbrochen notwendige Wasserschöpfen, das Messen der Geschwindigkeit, die Jagd auf Vögel und Fische sowie das Auffangen von Regenwasser. All diese Tätigkeiten lenken die Männer von ihrer verzweifelten Lage ab und halten sie psychisch stabil. Um das Gemeinschaftsgefühl noch weiter zu stärken, sitzen sie doch wahrhaft alle in einem Boot, erzählt Kapitän Bligh von seinen Reisen nach Neuguinea und Neu-Holland, teils um wichtige Informationen an die Männer weiterzugeben, teils um sie zu unterhalten.

Der Durst ist, weil es viel regnet, erst nicht das Problem, statt dessen quält die Kälte, weil die Männer nie trockene Sachen bekommen, da See und Regen sie beständig durchnässen. Die schwere See und der Regen fordern noch größere Schöpfanstrengungen, was den Erschöpften immer schwerer fällt. Dauernd drohen hohe Wellen das Boot zu überrollen.

An ruhigeren Tagen fangen sie ab und zu Tölpel und andere Seevögel, die gerecht geteilt werden. Nur das Blut bekommen die drei Schwächsten. Alle leiden unterdessen unter reißenden Schmerzen, weil sie wegen der geringen Nahrungszufuhr und der wenigen Bewegung keinen Stuhlgang mehr haben.

Selbst erfahrene Seeleute verlieren in solchen Situationen oft ihre Tatkraft und alle Hoffnung. Jeder einzelne, der jetzt nüchtern, sachlich, zuversichtlich bleibt und Perspektiven öffnen kann, bedeutet eine Potenzierung der Überlebenschancen. Kapitän Blighs Logbuch, das er mit unermüdlicher Disziplin führt, beweist seine unglaubliche psychische Stabilität. Er richtet damit die Männer auf und macht die schwierigen, oft lebensgefährlichen seemännischen Manöver erst möglich. Bligh führt während der Fahrt, wann immer es geht, botanische und nautisch-geographische Studien durch, erstellt wichtige Karten und zeichnet sogar, während manche der Männer schon lethargisch sind. Ob er sich damit selbst diszipliniert oder seine Unerschütterlichkeit beweist, ist unklar.

Als sie durch das Große Barriereriff fahren, gelangen sie endlich an Land. Der Steuermann John Fryer meint später:

*Wir waren wie berauscht, nachdem wir so lange in dem Boot gesessen hatten, und so schwach, daß ich, als ich den ersten Schritt an Land setzte, so benommen war, daß ich hinfiel.*

Fryer beschreibt hier nicht nur die Empfindung, die jeder kennt, der auch nur eine kürzere Strecke auf einer Fähre bei bewegter See hinter sich gebracht hat: Der Körper hat sich an das Schwanken angepaßt und kommt mit dem festen Stand an Land nicht zurecht. Es geht um wesentlich schlimmere Erfahrungen, die jeder bedenken sollte, wenn er noch die Wahl hat, an Bord eines havarierten Schiffes zu bleiben oder in eine Rettungsinsel zu steigen. Denn nicht umsonst empfehlen Fachleute selbst altgedienten Seeleuten, vor dem Besteigen der Rettungsinsel Tabletten gegen Übelkeit zu nehmen. Nichts ist hier ja mehr fest, der Boden teilt jede Meeresbewegung unmittelbar mit, Drehbewegungen und plötzliche Stürze in Wellentäler können dazu kommen. In einem kleinen Boot wie der Barkasse der »Bounty« ist es etwas, aber nur unwesentlich besser. Dafür sind Bligh und seine Leute nicht nur ein paar Stunden, sondern Wochen ununterbrochen den Schaukelbewegungen der See ausgesetzt, die alleine schon genügen können, die Psyche zu zermürben.

Hinter dem Riff ist die See viel ruhiger, was die Männer ebenso erleichtert wie die weiteren Landaufenthalte auf dem Weg Richtung Timor. Bei allen weckt das neue Lebensgeister, so daß sich Bligh über

*Bligh und seine Leute gehen auf Timor an Land, 1791. Aquarell von Charles Benazech*

die gute Stimmung begeistert äußert, als sie die letzten 1000 Seemeilen über den offenen Ozean hinaus antreten:

*Ihre Zuversicht machte mir große Freude. Und ich darf behaupten, daß ihr Überleben hauptsächlich dieser Ursache zuzuschreiben ist, denn hätte einer von ihnen die Hoffnung verloren, wäre er höchstwahrscheinlich gestorben, bevor wir Neu-Holland erreichten.*

Tatsächlich warten noch einmal nahezu unerträgliche Anstrengungen. Völlige Erschöpfung, Sehnsucht nach Schlaf und eine »auffallende Geistesschwäche« quälen alle, nur nicht Bligh, der sogar, bevor er in Timor an Land geht, eine improvisierte Fahne hißt und auf die Landeerlaubnis wartet.

Das Bild von Charles Benazech schmeichelt wie so viele, die Schiffbrüchige darstellen. So heruntergekommen, wie sie nach 48 Tagen aussehen müßten, darf man damals niemanden malen. Blighs Triumph ist groß, hat er doch mit kümmerlichen Mitteln seinen Weg über 3600 Seemeilen gefunden und dabei keinen Mann verloren. Zu seinem Kummer sterben – wahrscheinlich an den Folgen der Entbehrungen – vier seiner Leute auf Timor oder auf der Heimreise.

Ein kurioses, schier unglaubliches Nachspiel soll dieses Durst-Kapitel beschließen. Als die britische Admiralität erzürnt über die Meuterei die »Pandora« in die Südsee schickt, um eine Strafexpedition zu exekutieren, verläuft die zuerst sehr erfolgreich. Die »Bounty«, Fletcher Christian und einige wenige Verschwörer erwischen sie zwar nicht, dafür eine ganze Reihe von Besatzungsmitgliedern, die auf Tahiti leben und sich nicht gut genug verstecken. Auf der Rückfahrt gibt es eine schreckliche Unterbrechung, als die »Pandora« am 29. 8. 1791 in der gefährlichen Endeavour-Straße zwischen Australien und Neuguinea auf ein Riff läuft und untergeht. Wieder muß man sich im offenen Boot retten und wieder Kurs auf die holländischen Besitzungen auf Timor nehmen, die diesmal immerhin »nur« 1100 Seemeilen entfernt sind. In vier Booten macht man sich auf den Weg. Am 16. 9. 1791 kommen die Seeleute mit ihren Gefangenen auf Timor an. Die Holländer werden sich vermutlich ihre Gedanken gemacht haben, ob die Reise in kleinen Booten zum englischen Na-

tionalsport geworden sei. Der Kapitän der »Pandora«, Edward Ed-
wards, schreibt lakonisch:

*Was wir während unserer Fahrt nach Timor in den Booten erlit-*
*ten, braucht nicht im einzelnen geschildert zu werden, und ich be-*
*lasse es bei der Bemerkung, daß wir mehr unter Hitze & Durst als*
*unter Hunger litten.*

Die Gefangenen, die noch mehr litten, läßt er in die Festung werfen.
Einer von ihnen, James Morrison, schildert die drastischen Folgen
ihrer leidensreichen Fahrt:

*Gleich nach unserer Landung wurden wir mit Essen versorgt, das*
*nun unsere Leiber in Bewegung setzte, so daß wir nicht umhin-*
*konnten, uns dort zu erleichtern, wo wir gerade lagen.*

Sie, wie die meisten Männer, hatten keinen Stuhlgang gehabt während der Fahrt. Klistiere mußten denen helfen, die sich nicht plötzlich »erleichtert« hatten. Sechs Tage läßt man die Gefangenen in ihrem Kot liegen: »Der Wundarzt des Ortes, der uns besuchte, konnte
erst bei uns eintreten, nachdem Sklaven sauber gemacht hatten.«

Eine alte, grausame Geschichte weht uns da an, und sie ist doch immer neu. Zu Hunderten verdursten, verhungern, ertrinken die »boat
people« dieser Welt jedes Jahr. Auf ihren hoffnungslos überfüllten
Seelenverkäufern funktionieren keine Toiletten. Leichen werden
über Bord geworfen, Kranke siechen hilflos vor sich hin. Es herrscht
das Gesetz des Stärkeren, wenn die Not lebensbedrohlich wird. Erst
in den Siebzigern begann man von den »boat people« in diesem Sinn
zu sprechen, denn vorher nannte man die so, die traditionell auf
Booten leben. Als nun aber der Krieg in Vietnam rücksichtslos wü-
tete, flohen Zehntausende auf See, in der Hoffnung, in friedliche
Gebiete zu kommen oder an Bord westlicher Schiffe Asyl zu finden.
Seitdem gibt es auch die »Cap Anamur«, die versucht, so viele wie
möglich zu retten, aber auch sie kann nicht so vielen helfen, wie auf
den Meeren treiben. Die Menschenschmuggler machen exzellente
Geschäfte und überlassen ihre Fracht auf offener See oft sich selbst.

In den letzten 20 Jahren stieg allein die Zahl der Kurden, Afghanen, Iraner, Algerier, Marokkaner, Tunesier an, die über das Mittelmeer nach Europa zu kommen versuchen. Und in vielen anderen Weltgegenden treiben Seelenverkäufer herum, auf denen Menschen Rettung und eine bessere Zukunft suchen. Meine Damen und Herren, erheben wir uns noch einmal von unseren Plätzen und gedenken ihrer. Und dann überlegen wir, was zu tun ist.

# Titanic on the rocks

## Vom Rausch des ozeanischen Luxus

> *... tagelang im Kosmisch-Leeren*
> *(wenn auch erstklassig versorgt)*
> *zwischen den Kontinenten schwebend ...*
> Thomas Mann, *Meerfahrt mit Don Quijote*

EINE SELTSAME ART VON SCHIFFEN schaukelt etwa seit der Pharaonenzeit auf den Meeren herum. Sie befahren die See nicht, um Krieg zu führen, sie bringen keine Waren von einer Küste zur anderen, und die Menschen betreten sie nicht als notwendiges Transportmittel: Staatsgaleeren, Lustschiffe und schließlich Kreuzfahrtdampfer. Ihre Aufgabe ist es, die See in einen Ort der Macht, des Luxus, der Repräsentation zu verwandeln, ja manchmal sollen sie sogar vergessen lassen, daß man sich überhaupt auf den Wellen befindet. Heute sorgt allein die unerhörte Höhe der Decks über der Meeresoberfläche für eine klare Distanz, zumal dadurch in aller Regel keine Wellen mehr an Bord schlagen, Stabilisatoren gleichen den Seegang aus, und die Ausstattung erinnert viel mehr an Hotels und Feriensiedlungen als an Schiffe. Die Fahrenden betrachten von ihrem Hochsitz hinter Glas das Meer mit Muße, benützen es vornehmlich als erhabene Tapete und seine Eigenheiten als genußsteigernde Würze. Was für ein gewaltiger Triumph für den Menschen, die Wellen in einer Art »gesittetem Abenteuer« zu befahren, »erstklassig versorgt« (Thomas Mann)!

Ein Rest Hybris bleibt aber immer dabei, wenn die Herrschenden oder die Reichen oder die kleinen Leute, die dazugehören wollen, sich eitel auf dem Wasser herumtreiben, degradieren sie doch damit eines der vier mächtigen Grundelemente zur Vergünügungsstätte. Man vertraut auf die erfahrene Besatzung, auf das Schiff mit seiner jeweils neuesten Technik, rechnet mit satellitengestützter Hilfe von außen, und doch kann es schnell sehr unbehaglich zugehen. Plötzlich ziehen Stürme auf, die haushohe Wellen produzieren, Nebel nimmt die Sicht und dämpft unheimlich jeden Ton, oder ein gigantischer Eisberg mixt aus viel See, viel Eis und einer Prise Luxusliner den altbekannten tödlichen Cocktail »Titanic on the rocks«.

Doch nichts hält die Menschen ab von der Fahrt, vielmehr scheint die mögliche Gefahr ein Teil der so reizvollen Aura einer Kreuzfahrt zu sein. Manche legen es sogar darauf an und buchen Expeditionskreuzfahrten in arktische oder antarktische Gewässer. Als die »Hanseatic« 1996 beim Durchqueren der berühmten Nordwest-Passage von Alaska nach Neufundland auf Grund lief und die Passagiere mit Hubschraubern geborgen wurden, obwohl sie in keiner unmittelbaren Gefahr schwebten, schwärmten viele von ihnen, diese Rettungsaktion sei das schönste Erlebnis auf der ganzen Kreuzfahrt gewesen. Besser kann man den völlig neuen Ruf der Meere nicht beweisen.

*Max Beckmann: Der Untergang der Titanic, 1912*

Hatten sie früher als zwar ehrfurcht- und staunenerregende, jedoch höchst gefährliche und lästige Barrieren zwischen den Ländern, ja als zu bekämpfende schreckliche Feinde gegolten, lösten sie, seit die Sicherheit der Schiffe sich stetig verbesserte und Skorbut in die Schranken verwiesen worden war, romantische Gefühle aus. Dichterische Begeisterung machte sich langsam breit und mit ihr – wohlgemerkt, bei den bequem oder gar nicht zur See Fahrenden – ein nationaler Marinewahn, der sich an immer größeren, prächtigeren und schnelleren Schiffen berauschte. Seereisen faszinierten zudem durch das Außerderweltsein und das Eintauchen in einen kleinen, vollkommen abgeschlossenen Kosmos, der keine Flucht erlaubte, stürzte man sich nicht in die See.

Erklärt so etwas die Begeisterung über den Bau, die Indienststellung und Jungfernfahrt der »Queen Mary 2« im Jahr 2004? Die gut funktionierende PR-Abteilung der Cunard-Line löste diesen Rummel um das Schiff zwar aus, indem sie Presse wie Öffentlichkeit großzügig mit Informationen, Bildern, Geschichten versorgte, doch das allein war es nicht. Die pure Größe und die Schönheit des Schiffes kommen dazu, die luxuriöse Ausstattung, der gigantische Aufwand an Geld und Menschen, um einige Wohlhabende übers Meer zu fahren. Schnell ein paar Zahlen: 1000 Flaschen Champagner werden für vier Tage Überfahrt nach New York gebunkert, Wein für bis zu 1200 $ pro Flasche ist an Bord. Die einfachste Kabine kostet 4400 €, 55 000 die teuerste, die »Queen-Mary-Suite« mit 120 m². Putzkräfte verdienen 800 $ im Monat – die englische Meerkönigin fährt im Auftrag einer amerikanischen Reederei – und müssen zehn Monate durcharbeiten. An Bord gibt es 2000 Badezimmer, 3000 Telefone, 1254 Mann Besatzung, bis zu 2620 Passagiere. Die Länge des Schiffes beträgt 345 m, die Höhe 72 m, 34 000 t Stahl wurden verbaut. Das bordeigene Kraftwerk könnte ganz Southampton mit Strom versorgen. Der neue Azipod-Antrieb mit 157 000 PS besteht aus mehreren unter dem Schiff angebrachten, beweglichen Triebwerken, die Schlepper unnötig machen. Während zweier Jahre Bauzeit schufteten etwa 4500 Werftarbeiter in Saint-Nazaire. 5000 Kunstwerke schmücken die Lobbys, Salons und Kabinen, 562 in Auftrag gegebene Originale, 683 angekaufte Stücke, 22 Grafikeditionen, 3453 limitierte Drucke von 128 Künstlern aus 16 Ländern.

Selbst diese Zahlenprotzerei bewirkt für sich wenig. Ohne den Mythos, den die meisten mit »Kreuzfahrt« oder »Luxusliner« verbinden, hätte sich nur eine Minderheit für den Neubau interessiert. So aber weckte er ozeanische Gefühle, die Millionen per Webcam, Fernsehen und durch Besuche auf der Werft befriedigten, während Tausende sich tatsächlich um eine Kabine auf der »Queen Mary 2« bemühten.

*Die »Queen Mary 2«*

Dieser Mythos von der traumhaften Reise auf dem Meer wurzelt tief. In so vielen Legenden und Märchen und Sagen bedeutet die Seefahrt an sich eine Expedition ins Wunderbare, ins Verwirrende, ins Unheimliche und immer: ins Gefährliche und Entgrenzende. Ob man Gottes Macht oder Dämonen hinter den absonderlichen Erscheinungen auf dem Meer vermutet, immer verrückt die Seewelt die Einstellungen der Menschen oder kränkelt sie zumindest an. So nagt die Fahrt auf dem schwankenden Element fast naturgemäß an moralischen Grundfesten, zumal wenn Mann und Frau unterwegs sind. Allerlei Undenkbares scheint hier auf einmal möglich.

Deshalb ist die Seefahrt von Tristan und Isolde sowohl für Richard Wagner als auch für Gottfried von Straßburg durchaus nicht nur eine Frage des Passagiertransports. Im spätmittelalterlichen Epos sorgt die See, die bei Gottfried von Straßburg durchgehend eine herausragende Rolle spielt, für die entscheidende Gelegenheit. Tristan bringt Isolde als Brautwerber von Irland nach Cornwall zu König Marke. Die Meerstrecke führt über stürmische See. Selbst herrschaftliche, luxuriös ausgestattete Schiffe des Mittelalters – Isolde und ihr Gesinde haben sogar eine »kiel kemenate«, ein »Kiel-Frauengemach« – gleichen allerdings eher Nußschalen, mit denen die Wogen nach Belieben spielen. Da gerät das wenig wellengewohnte Gesinde und seine Herrin Isolde »in ungewonliche not«, sind schlicht seekrank. Der aufmerksame Tristan befiehlt deshalb, in einer Bucht eine Ruhepause einzulegen. Fast alle verlassen das Schiff und lagern am Strand. Tristan dagegen schaut nach Isoldes Wohl und verlangt einen Trunk. Eine unerfahrene junge Dienerin hält den Liebestrank, den Brangäne für die Hochzeitsnacht Isoldes mit König Marke gedacht hat, für Wein, Herr und Herrin trinken ohne Argwohn. Zu spät bemerkt Isoldes Vertraute Brangäne den Irrtum, der auf der Weiterfahrt bald seine verhängnisvolle Wirkung entfaltet, zwingt er doch die beiden, sich unrettbar, besinnungslos und wahnsinnig zu lieben, mehr als alles in der Welt, über alles Gesetz und alle Sitte. Liebeswahnsinn ergreift sie also, und mit Brangänes Unterstützung, die sich nicht besser zu helfen weiß, schreiten Brautwerber und Braut zur verräterischen Tat am königlichen Freund und Bräutigam Marke, indem sie an Bord, so oft es geht, die Nacht miteinander verbringen.

»Lameir«, was damals beziehungsreich gleichzeitig »Meer« und »Liebe« und »das Bittere« bedeuten konnte, hilft schon sehr, so den Kopf zu verlieren im Sinnenrausch. Seine Unermeßlichkeit und vielgestaltige Macht allein unterhöhlen die Widerstandskraft und die Moral der beiden, der Liebestrank sorgt für den Rest.

Daran wird sich Richard Wagner in seinem *Tristan und Isolde*-Musikdrama ebenfalls halten, wenngleich die See ihre Kräfte hier weniger entfalten darf. Wie bei Gottfried gleicht Wagners Schiff einer Burg, auf der alles nach üblichen Normen geregelt ist, mit streng getrennten Bereichen für Männer und Frauen, mit prächtigen Gemä-

*Tristan und Isolde trinken den Liebestrank. Illumination aus einer Fassung des
Prosa-Tristan des Herzogs von Berry aus dem 15. Jh. Codex 2537 der Österreichischen
Nationalbibliothek »Tristan und Isolde«*

chern, mit reicher Ausstattung. Doch schwankt diese Burg, ihr Fun-
dament ist die tiefe See, und disziplinierende Nachbarn gibt es nicht.
Bei Wagner will Isolde Tristan und dann sich selbst umbringen, aus
Rache und aus einer Liebe, die sie sich selbst nicht gestehen will, hat
Tristan doch Morold, ihren Bräutigam, getötet. Zuvor schon hatte
sie Gelegenheit, ihn zu töten, doch schlug ihr damals aufkeimende
Liebe das Schwert aus der Hand. Nun, da Tristan für einen anderen
wirbt, da Isolde sich als Kriegsbeute fühlt, fordert sie kurz vor der
Ankunft in Cornwall von Brangäne, ihr und Tristan einen Todes-
trank zu reichen, doch die kredenzt aus Versehen den Liebestrank,
der seine Wirkung gerade entfaltet, als das Schiff im Hafen anlegt.

    *Tristan und Isolde* gehört zu den bekanntesten Liebesgeschichten
an Bord, und die Autoren, Filmemacher und Komponisten werden

nicht müde, sich dieser so beliebten Konstellation immer und immer wieder zu bedienen. Den größten Erfolg erzielte natürlich James Camerons Film *Titanic* aus dem Jahre 1997, der den Mythos »Luxusliner-Fahrt« mit dem Mythos »Titanic« und einer Herzschmerz-Geschichte auf Leben und Tod verknüpfte. Die Wirkung des Films ging so weit, daß Neubauten von Kreuzfahrtschiffen am Bug extra eine »Titanic«-Plattform anbringen, auf der sich die Passagiere für eine Zeit wie Kate Winslet und Leonardo DiCaprio fühlen können. Wie gut zwanzig Jahre zuvor, als die Seifenoper *Love Boat* in den USA einen Kurzkreuzfahrtboom auslöste, lockte auch *Titanic* viele Liebespaare und vor allem Hochzeitsreisende auf Seereisen. In Deutschland hatte die Fernsehserie *Das Traumschiff* dagegen eine viel geringere Wirkung, vielleicht weil zuviel Abschreckendes, Negatives und die Schwellenangst verstärkende Episoden vorkamen. Dabei hatten die Produzenten den Titel ideal gewählt, denn ein »Traumschiff« wollte, seit sie um die Mitte des 19. Jahrhunderts aufkamen, doch fast jeder Passagierdampfer und vor allem jeder Luxusliner sein. Das bezog sich erst einmal auf die Unabhängigkeit vom Wind und auf die moderne Technik, dann aber auf die Ausstattung, den Service und das Aussehen der Schiffe.

Als Isambard Brunel die »Great Eastern« baute, war sie die erste einer langen Reihe von Riesenschiffsbauten, die einander in wahnsinnigem Prestigeduell vom Spitzenplatz verdrängten. Sie war sechsmal größer als das größte Schiff zuvor, maß 211 m in der Länge, besaß sechs Masten, fünf Schornsteine, zwei Schaufelräder, eine Heckschraube und einen eigenen Weinkeller im Heck. Theoretisch konnten auf der »Great Eastern« 4000 Passagiere reisen, doch da sie fürchterlich schlingerte und unter vielen anderen Kinderkrankheiten litt, erreichte sie diese Zahl nie; sie galt zu Recht als Unglücksschiff.

Die ungeheuren Baukosten konnten Cunard und andere Reeder nur aufbringen, weil der Staat sie oft subventionierte und weil aus dem Alten Europa ein ununterbrochener Strom von Emigranten in die USA strebte. Etwa 72 Millionen Europäer wanderten zwischen 1830 und 1930 nach Amerika aus. Sie alle mußten Schiffe benutzen, erst Segler, dann Dampfschiffe, wobei sie viele Jahrzehnte lang unter schlimmsten Bedingungen reisten. Im Zwischendeck zusammengepfercht, hatte jeder für seine Verpflegung selbst zu sorgen, Kabinen gab es praktisch nicht, selbst Wasser war oft Mangelware, Krankheiten brachen aus, weil die sanitären Anlagen nicht im mindesten ausreichten. Der millionenfache Traum von einem neuen Leben in Amerika machte in England und Deutschland Reeder reich. Dabei galt der Atlantik noch im 19. Jahrhundert als Todesstrecke, denn fast jeder sechste Segler, auch »Sargbrigg« genannt, erreichte sein Ziel nicht. In ihrer Broschüre »Ocean Notes For Ladies« empfiehlt deshalb Katherine Ledoux, sich an Bord möglichst angemessen anzuziehen, denn:

> *Auf See ist mit Unfällen und Tod zu rechnen. Ich war stets der Ansicht, daß eine gutgekleidete Leiche, die an Land geschwemmt wird, mit mehr Achtung behandelt wird und mehr Fürsorge erhält als eine, die in Lumpen gekleidet ist.*

Innerhalb weniger Jahrzehnte wandelte sich das Bild vollkommen. Selbst Zwischendeck-Passagiere konnten um 1900 wesentlich sicherer und mit akzeptablem Komfort über den Atlantik gelangen, und für den Gewinn sorgte immer mehr die erste Klasse; beispielsweise erwirtschaftete man 1902 auf der »Deutschland« 78 % (!) der Einnahmen von ihr. Kein Wunder, kostete doch *ein* Essen auf der »Amerika« im bordeigenen À-la-carte-Restaurant »Ritz-Carlton« soviel wie die gesamte Überfahrt im Zwischendeck.

Natürlich beflügelte auch der Kampf um Kolonien in Übersee den Flottengedanken in den industrialisierten Ländern, die dem Beispiel Englands folgen wollten. Doch das dampfgetriebene Schiff galt dem späten 19. Jahrhundert schon an sich als *das* Symbol für technischen Fortschritt, nationale Leistungsfähigkeit, internationales Prestige und gleichzeitig als Zeugnis der berauschenden Schönheit von Technik, weshalb man ihre ungeheuer hohen Stahlkörper immer wieder als Dome der Moderne pries.

Während Kriegsflotten immer hektischer und sehr zu Lasten der Volkswirtschaften auf den entscheidenden Moment hin getrimmt wurden, bestimmte von den siebziger Jahren des 19. Jahrhunderts an bis zum Zweiten Weltkrieg eine Art friedliches Wettrüsten das Verhältnis international agierender Reedereien, wobei der Erste Weltkrieg Deutschland natürlich einige Jahre Pause aufzwang. Herrscher und Regierungen mischten sich mit gigantischen Subventionszahlungen in diese Konkurrenz ein, und Reeder sorgten mit der Namensgebung und Aufträgen an die heimischen Werften dafür, daß es möglichst lange so blieb.

Schiffstaufen, die lange Zeit eher unbeachtet und im kleinen Kreis gefeiert wurden, gerieten plötzlich zu Staatsakten, bei denen schon der Inhalt der Flaschen, die am Bug zerschellen sollten, ein Politikum sein konnte. So war es lange üblich, einfach ein Glas Wein auf das Wohl des Schiffes zu leeren oder, wie es für England im Jahr 1780 überliefert ist, eine Flasche an ihm zu zerschlagen; natürlich von einem Mann, hatten doch Frauen auf See meist nichts zu suchen. Erst im Laufe des 19. Jahrhunderts wechselte man zu Champagner und Frauen. Das galt auch für die Royal Navy, die allerdings Wein bevorzugte. Erst die legendäre Schlachtschiffsensation »Dreadnought« benetzte King Edward höchstselbst mit Alkohol. In Deutschland übernahm man die Champagner-Taufe wohl Mitte des 19. Jahrhunderts aus England, ersetzte um 1890 aber aus nationalem Stolz bei der Marine oder bei Prestigebauten den Champagner durch »deutschen Sekt«, »deutschen Wein« oder »deutschen Schaumwein«. Aus dem gleichen Grund griff man am 26.9.1934 bei der Taufe der »Queen Mary« durch die Königin zu einer Flasche australischen Champagners.

Wie eine solche Weihestunde in Deutschland verlaufen konnte, schildert die Leipziger *Illustrirte Zeitung* vom 23.11.1873 anläßlich der Taufe der Panzerfregatte »Preußen« am Vortag auf der Vulcan-Werft in Bredow bei Stettin:

*Hinter dem Bug der Fregatte war eine reich mit Flaggen drapierte und von solchen überwallte hohe Tribüne errichtet. An tricoloren Bändern hing von der Höhe des Schiffs dicht vor der Brüstung jener die umkränzte Champagnerflasche, mit welcher der Taufakt vollzogen werden sollte.*

Anwesend waren: der Kronprinz samt Gemahlin, ihre ältesten Söhne Friedrich Wilhelm (später Kaiser Wilhelm II.) und Heinrich, die Direktoren der Vulkan-Werft, der Marineminister General von Stosch, nicht zu vergessen das adlig-militärische Gefolge und eine

Masse Zuschauer. Die Militärkapelle spielte die Nationalhymne
»Heil Dir im Siegerkranz«.

*Der Kronprinz trug den grauen Militärmantel über der Uniform*
*seiner pommerschen Kürassiere, die Kronprinzessin einen langen*
*lichtbraunen Reisemantel über dem dunkelgrünen Reisekleid.*
*Unter dem Schutzdach der Regenschirme stieg sie mit den Ihren*
*die Stufen zu der Tribüne hinauf, und indem sie jene längstbe-*
*kannten Worte sprach, mit welchen sie der Fregatte den Namen*
*Preußen gab, ergriff sie die Flasche und schnellte sie an ihrem*
*Band gegen den Eisensporn, daß sie klingend in Scherben zer-*
*splitterte unter erneutem donnernden Hurrah der Menge.*

Als er endlich selbst bestimmen durfte, taufte Kaiser Wilhelm II.,
da er ein Marinenarr war, mit Leidenschaft. Da gab es die Linien-
schiffe »Brandenburg« und »Weißenburg«, seine Yacht »Hohenzollern«, die Küstenpanzer »Ägir« und »Heimdall«. Bei den gewaltigen
Passagierdampfern der Hapag (»Hamburg-Amerikanische Packet
Actien Gesellschaft«) ließ er immerhin bei der »Kaiserin Auguste
Victoria« aus naheliegenden Gründen seine Frau den Sekt schwin-
gen, doch bei der »Imperator«, damals das größte Schiff der Welt,
nahm er die Flasche wieder in die Hand. Ganz überraschend wiederholte sich das bei der Taufe der »Bismarck«, denn eigentlich sollte
Reichskanzler-Nichte Hannah von Bismarck werfen, zögerte aber zu
lang und verfehlte das Schiff. Der Kaiser riß die Flasche an sich (ihr
angeblich aus der Hand) und traf noch trefflich das langsam davon-
gleitende Schiff. Die dritte im Imperator-Schiff-Bunde, die »Vaterland«, durfte dann Kronprinz Ruprecht von Bayern taufen. Wilhelm
II. nahm das Taufzeremoniell so wichtig, daß er es durch eine »Aller-
höchste Ordre« im Marineverordnungsblatt vom 6. 10. 1900 klar
regelte, deren acht Punkte, weil sie so aufschlußreich sind, vollständig zitiert werden sollen:

*1. Wer die Taufe eines Meiner Schiffe vollziehen soll, werde Ich*
*bestimmen.*
*2. Zur Taufe ist eine Ehrenwache in Stärke einer Kompagnie mit*
*der Fahne (Standarte) und Musik zu stellen.*

3. *Die Ehrenwache wird gestellt: In Reichskriegshäfen von der Marineinfanterie, sonst von den Truppen der Garnison. Die Bezeichnung des betreffenden Truppenteils behalte Ich Mir vor.*
4. *Während des Ablaufes präsentirt die Ehrenwache, die Musik spielt die Nationalhymne. Bei Stapelläufen, denen Ich anwohne, feuern Meine im Hafen anwesenden Schiffe einen Salut von 21 Schuß. Beim Eintreten des Schiffes ins Wasser werden 3 Hurrahs ausgebracht.*

5. *Bei Schiffen, welche nach der Taufe nicht ablaufen, sondern schwimmen oder abgeschleppt werden, werden die Ehrenbezeugungen im Anschluß an die Taufrede erwiesen. Die Ehrenbezeugung der Wache endet mit dem Ausklingen der Nationalhymne.*
6. *Die dienstfreien Offiziere sowie Deputationen der Marine- und Truppenteile wohnen der Feier bei. Zeit und Ort der Aufstellung sowie Stärke der Deputationen bestimmt nach Angabe der beteiligten Werften, Marine- und Truppenteile in den Reichskriegshäfen der Stationschef, in allen anderen Häfen der Kommandant bzw. der Garnisonsälteste.*
7. *Anzug für Offiziere der Marine – Dienstanzug mit Orden, Mannschaften – Paradeanzug. Anzug für Offiziere der Armee – Dienstanzug mit Orden, Mannschaften – Ordonnanzanzug.*
8. *Dem Publikum ist die Anwesenheit bei der Feier, soweit es die Verhältnisse gestatten, zu ermöglichen.*

Damit war dem Protokoll aber noch keineswegs Genüge getan. Die Werften und andere Zuständige hatten zu überlegen, wer, wann und wie vom geplanten Stapellauf benachrichtigt werden sollte, welche Blumen mit welchen Bändern von wem an wen überreicht werden durften, wer wann ankam, wo untergebracht, wie versorgt werden mußte etc. pp. Besonders wichtig nahm man natürlich die Taufapparatur, damit so ein Versehen wie mit der »Bismarck« nicht wieder passierte. Man überlegte, zur Sicherheit eine zweite Apparatur anzubringen, tat es vereinzelt oder probte, wie bei der Stettiner »Vulcan«-Werft, mit einer Flasche, die mit Wasser gefüllt war, eine Stunde vorher, so daß zwei am Schiff zerschlugen.

Im deutschen Kaiserreich war natürlich auch der Rang des Taufpaten häufig mit der Größe und Bedeutung des Neubaus verknüpft.

Dem Panzerschiff »Friedrich der Große« gab der Kaiser einen Namen, der Korvette »Carola« nur der Chef der Admiralität. Gerne hörten die Gäste bei solch feierlicher Handlung Taufverse, die zu Ehren der Wasserung geschmiedet wurden. So sprach 1912 in Flensburg das flaschenschwingende Fräulein Lucht am noch namenlosen Frachtdampfer der Hamburger »Kosmos-Linie« die schönen Worte:

*Von deutschen Händen fest gefügt*
*Schlank an den Helgen hingeschmiegt,*
*Mein gutes Schiff gleit' hin!*
*Woher der Wind, wohin die Fahrt*
*Trag' deutsche Ehr' und deutsche Art*
*Weit durch die Meere hin.*
*Des tauf ich Dich mit deutschem Wein*
*»Ramses« –, so soll Dein Name sein.*

Ein deutscher Name war immerhin in diesem und vielen anderen Fällen nicht unbedingt nötig, vielleicht auch weil die Schiffe damals die einzige und dazu eine inzwischen recht sichere Möglichkeit zur Verbindung von Ländern und Völkern waren. Die weltweite Konjunktur und – nicht zu vergessen – die allgemeine Ausplünderung der Kolonien waren ohne Schiffe undenkbar. Eine internationale Schiffsbegeisterung erfaßte die Menschen weit über die Küsten hinaus, eine Art von Wahn, der im Deutschen Reich über eine Million in den »Deutschen Flottenverein« eintreten ließ, gerade wenn sie in Neuruppin, Lauscha, Freiburg oder Bamberg lebten und noch nie auf einem Seeschiff gefahren waren. Zeitungen und Zeitschriften berichteten aber nicht nur im Deutschen Reich von Reederplänen und Neubauten, die oft fachmännisch rezensiert wurden. Schiffsnachrichten erfreuten sich allgemeiner Aufmerksamkeit.

Kein Wunder, daß in dieser Zeit, wenn auch in gewisser Weise aus Versehen, die Kreuzfahrt erfunden wurde. Die Sache an sich gab es früher, allerdings nur für die Privilegierten. Herrscherinnen und Herrscher wie Kleopatra oder Gustav II. Adolf hatten sich schon auf Lust-Fahrzeugen über die Meere steuern lassen, weil es so repräsentativ und so bequem war. Den Yachtspleen allerdings brachten die republikanischen Niederländer auf, die kleinere Nachbauten großer Schiffe in Auftrag gaben, um sie zum Vergnügen zu verwenden: »Speeljaghten« oder einfach »Jaghten« bzw. »Pleizirvaartuige« hießen sie. In seinem holländischen Exil lernte Charles II. sie kennen und schätzen. Als er 1660 auf den englischen Thron zurückkehrte, bekam er deshalb vom Amsterdamer Bürgermeister eine solche Yacht geschenkt. Dem königlichen Beispiel folgten viele, so daß man erst in England und später weltweit Yachtclubs gründete. Im 19. Jahrhundert leisteten sich viele Herrscher Staatsschiffe, die teilweise zu schwimmenden Residenzen ausgebaut wurden. Die »Hohenzollern II« von Wilhelm II. lief 1892 vom Stapel, beschwallt von seiner Majestät Taufrede und getauft von der Kaiserin Flasche. 21 Knoten lief der Schiffspalast, war 122 m lang, 14 m breit und natürlich prunkvoll ausgestattet, wobei die Küche und die Speisekammer nächst den Repräsentationsräumen am meisten Platz einnahmen. Bis vor knapp zehn Jahren besaß auch Großbritannien noch eine Staatsyacht, die königliche »Britannia«. Dreieinhalb Meter länger und beinahe drei Meter breiter als die »Hohenzollern II«, bot sie den Royals über vierzig Jahre ein »home away from home«, quasi ein Windsor Castle der Wellen. 1997 allerdings wurde das teure Schiff (fast zehn Millionen Pfund kostete der Unterhalt im Jahr) ausgemustert.

So mächtige Vergnügungsschiffe blieben lange Zeit selbst reichen Normalsterblichen verwehrt, reisten sie auch mit ständig steigendem Luxus über die Meere. Doch erst aus dem Linienverkehr sollte die Kreuzfahrt entstehen. Die Reeder Englands und des Kontinents überboten sich bei ihm, vor allem auf der Nordatlantikstrecke im Kampf um wohlhabende Passagiere, wobei einerseits die Geschwindigkeit, andererseits die Ausstattung zählte; Sicherheit wurde sowieso vorausgesetzt, konnte sie auch nicht immer gewährleistet werden. Immer wieder starben bei Schiffsuntergängen Hunderte, nicht selten mehr als beim Unglück der »Titanic« von 1912, doch nahm man die Kollisionen mit anderen Schiffen, Eisbergen, Riffen als Risiko der Seefahrt hin, das auch mit hohem Aufwand nicht aus der Welt geschafft werden konnte. Ein Geschwindigkeitsrekord, wie oft behauptet wird, spielte übrigens beim Untergang der »Titanic« keine Rolle, lief sie doch nur 22 kn und damit vier Knoten langsamer als die »Mauretania«, die Inhaberin des »Blauen Bandes«, der inoffi-

ziellen und immateriellen Auszeichnung für die schnellste Atlantik-
überquerung.

Der Geschwindigkeitskampf auf der Nordatlantikstrecke erwies
sich für die Reedereien als zwar prestigeträchtig, aber ungeheuer
teuer, stieg doch der Kohlenverbrauch exponentiell an. Ein unangenehmer Nebeneffekt von hohem Tempo und maximaler Leistung
der Maschinen waren häufig heftige Vibrationen des Schiffskörpers.
Dieser Effekt traf 1900 schon Ballins Rekordbrecher, die »Deutschland« der Hapag. Sie blieb zwar für zwei Jahre Inhaberin des Blauen
Bandes (mit etwa 23 kn), vibrierte aber in hohen Fahrtstufen so
stark, das es zu Beschädigungen kam. Das unangenehme Fahrgefühl
verschaffte ihr beim internationalen Reisepublikum den Spitznamen
»cocktail shaker«. Fünf Tage, 15 Stunden und 46 Minuten benötigte sie für ihre Zitterpartie. 52 Jahre danach kam es zur schnellsten
Nordatlantikfahrt eines Passagiersschiffes je, als die »United States«
ihn in dreieinhalb Tagen überquerte, wobei sie durchschnittlich
35½ kn fuhr.

Die Zeichen der Zeit deutete Anfang des 20. Jahrhunderts Albert
Ballin richtig, als er sich aus dem Rennen um das »Blaue Band« ver-
abschiedete und lieber auf luxuriöse Ausstattung setzte. Schon die
stählernen Rümpfe hatten gegenüber den eisernen größere Räume
ermöglicht, so daß die traditionell niedrigen Decks höher und sogar
durchbrochen werden konnten. Gleichzeitig konnte man höhere
Aufbauten wagen und also noch mehr Raum verschwenderisch nutzen. Dabei fällt eine seltsame Diskrepanz auf zwischen der prächtigen, an Hotel-Palästen und königlich-französischem Stil orientierten
Innenarchitektur der Luxusliner und ihrer technischen Fortschritt-
lichkeit sowie ihrer schnittigen, himmelhoch ragenden, modernen
äußeren Form, die immer neue Werbeplakate und viele Künstler
feierten, ja sogar Architekten inspirierten.

Das Äußere und die Innenausstattung von Schiffen dienten eben
unterschiedlichen Zwecken. Die Repräsentationsräume zielten mit
ihrer Pracht auf Landratten, nicht auf Seebären. Der Luxus, die weiten Gänge und die reich ausgestatteten Salons sollen bis heute die
mögliche Restangst vor dem Meer vertreiben, die Gefahr und am
besten sogar gleich ganz das Element, auf dem sich dieser Palast
bewegt, vergessen lassen. Alle Reichen an Bord sollten das »Grand

Hôtel sur Mer« bewundern, keine Annehmlichkeit vermissen und gleichzeitig die Segnungen von Fortschritt und Technik genießen.

Schon 1905 wartete die »Amerika« der Hapag mit elektrischen Lifts auf, mit einem Wintergarten samt Palmen, vor allem bot sie für die betuchten Passagiere das unvergleichliche »Ritz-Carlton«-Restaurant, wo Auguste Escoffier selbst für die Speisen verantwortlich zeichnete. Dem Konkurrenzkampf in Sachen Luxus, den die Hapag ausgelöst hatte, mußte sie sich selbst immer wieder stellen. So hatte die »Vaterland« nicht nur einen Swimmingpool, sondern ein veritables »Pompejanisches Bad«. Im achteinhalb Meter hohen Speisesaal mit beeindruckender Kuppel, den Charles Mewes im historistischen »Louis XIV.«-Stil entworfen hatte, konnten 700 Menschen inmitten von Gold und Weite erstklassig tafeln.

Bereits ihr älteres Schwesterschiff, die »Imperator«, hatte mit einem derartigen Luxus aufgewartet, daß die als Werbetrommler eingeladenen Autoren und Journalisten auf der Jungfernfahrt Maß und Ziel bei ihren bestellten Lobeshymnen für das »Literarische Bureau« der Hapag aus den Augen verloren. Der mitreisende Kritikerkönig Alfred Kerr schrieb:

*Als ich das Riesenheck entlangsah, kam über mich ein Gefühl frohlockender Bewunderung, das ich beim Umherwandern im hohen Gestänge des Eiffelturms gespürt hatte. Ein Glück über technischen Mut. Ich billige durchaus den hier betätigten letzten Luxus; weil er ein menschliches Verwegenheitsmerkmal im großen Preisgegebensein an Wind, Fische, Wogen, Einsamkeit ist. Ich bin ein alter, leidenschaftlicher, grundsätzlicher Seefahrer, der viele Schiffsgattungen in allerhand Meeren kennt. Ich bewundere dies entwickeltste Schiff der Erde, weil es nicht das Notwendige, sondern das Überschüssige gibt. Der Weg vom Uhrkahn, vom notdürftigen Beförderungsmittel, zu diesem Fahrzeug ist so lang wie der Weg vom kritzelnden Höhlenmenschen zu meinesgleichen – (dacht' ich in stiller Bescheidenheit).*

Der ebenfalls bescheidene, dafür unbedeutendere Autor Artur Fürst ließ sich sogar einfallen, daß Arbeiter notwendig waren, um ein solches Luxusgefährt zu bauen – wenn auch nur für einen Augenblick:

*Gern gedenke ich der Arbeiter, die die Nieten schlugen. Lieber noch erinnere ich mich der Kellner, die im Ritz-Carlton-Restaurant die Lachsforelle in Champagner herbeitrugen.*

Die Gegenwelt zu diesen Flaneuren, Bonvivants und zynischen Snobs ist die der Besatzung, die Tag und Nacht servicebereit zu bleiben hatte.

Darunter gab es noch eine Unterwelt, gegenüber der selbst die Sphäre der Küchenhilfen und Putzkräfte wie das Himmelreich wirkte. Nichts weniger als die Hölle war der Maschinenraum dieser Dampfer; allerdings mit dem kleinen Vorteil der möglichen Flucht durch Desertion im Hafen oder durch Tod vor dem Ofen oder durch Selbstmord. Der Reporter Egon Erwin Kisch ging damals der »Imperator« und ihrem Dampfherz auf den Grund, stieg hinab in den Maschinenraum, hinab noch tiefer, bis zu den Heizern:

*Die Leiter endet, wir betreten Boden. Unsere gemarterten Augen sehen schwarze Dämonen, die schattenhaft aus Wänden treten und in Wänden verschwinden, von Zeit zu Zeit peitscht uns ein gelbroter Lichtstrahl, und aus grauem Höllenrachen springt eine Feuerwelle hervor, uns zum Bewußtsein bringend, daß wir Gerösteten noch immer nicht unempfindlich gegen Hitze sind. Wehe der Seele, die hier brät!*

Die Heizer und Trimmer (»Kohlenzieher«) galten, wie das Maschinenpersonal überhaupt, nicht einmal als Seeleute; Matrosen oder Stewards verachteten gleichermaßen »die Schwarzen« und hielten sich von ihnen fern. Wegen ihrer schrecklichen Arbeit führte man immerhin bestimmte Regeln ein, die körperliche Leistungsfähigkeit sichern sollte. Trimmer sollten danach älter als 18 und jünger als 45 sein. Schon die reine Menge der zu transportierenden Kohle schüchtert ein. So mußten auf einer üblichen Fahrt der »Mauretania« von Liverpool nach New York etwa 6000 t Kohle bewegt werden. Am Anfang half in den stockwerkehohen Bunkern noch die Schwerkraft mit, die Kohle nachrutschen ließ, doch leerten sie sich, wurde es immer mühsamer, die Wege weiter, um die gewaltigen Brocken mit Schubkarren zu den Feuerlöchern zu bringen. Dabei plagten sich die

Trimmer und Heizer in dunkler, teils 60 °C heißer und vom Kohlestaub geschwängerter Atmosphäre. Höllisch aufzupassen hatten die Heizer, um das Feuer unter den Kesseln zu kontrollieren; eine mühsame und gefährliche Arbeit:

*Die Feuertür soll zur Wärmeeinsparung möglichst kurze Zeit offen sein. In der kurzen Zeit muß der Mann in dem 30 bis 40 ° warmen Raum, zunächst plötzlich überschüttet mit einer strahlenden Hitze von etwa 300 °, die brennende Glut kritisch auf Fehler beobachten und danach schnell seine Dispositionen treffen, was, wo und wieviel er aufwerfen, ob und wie er schüren soll.*

So beschreibt es der Schiffsmediziner Dirksen 1914. Schwere Verbrennungen oder Hitzschläge kamen in den ersten Jahrzehnten der Dampfschiffahrt unter Heizern und Trimmern so regelmäßig vor wie Tote. Kein Wunder bei Arbeitszeiten von 14 Stunden, die in den Tropen immerhin auf »nur« zehn reduziert wurden. 1903 veröffentlichte der Hamburger Hafenarzt Bernhard Nocht eine Studie, die

*Heizer vor dem Kessel*

konstatierte, die Selbstmordrate unter Trimmern sei zwanzigmal so hoch wie die der männlichen Landbevölkerung.

Nach dem Ersten Weltkrieg endlich stellten nach und nach alle Reedereien auf Ölfeuerung um, allerdings weniger aus Arbeitsschutzgründen. Vielmehr konnte man oft Hunderte von Leuten pro Schiff und dazu Treibstoffkosten sparen, fuhr man doch mit »Bunkeröl«, einem billigen Reststoff der Ölproduktion.

Streng getrennte Sphären sorgten in der Regel dafür, daß lustwandelnde Passagiere und sich zu Tode schuftende »Schwarze« einander nie begegneten. Auch vom Rest der Besatzung sah man praktisch nur die vom Service. So konnte man sich auf die – nach Backbord und Steuerbord – dritte Seite eines Schiffes konzentrieren: die gesellschaftliche. »Zugegebenermaßen«, beschrieb Lady Cynthia Asquith das Bordleben,

*verbrachten wir einen Großteil unserer Zeit mit An- und Auskleiden. Ständig wechselten wir die Garderobe, was zur Folge hatte, daß man mit einer Unmenge von Gepäck reisen mußte, also mindestens mit einem Schrankkoffer, genannt Arche Noah, einer riesengroßen Hutschachtel und einer großen Reisetasche.*

Wehten widrige Winde oder ließen gewaltige Wellen das Schiff wanken, waren allerdings viele Passagiere mehr mit sich selbst beschäftigt:

*Ein absurder Spaziergang heute morgen an Deck – dies gelähmte Angehaltenwerden und betrunkene Vorwärtsfallen, das man mit einem verächtlich kopfschüttelndem Lachen begleitet, da sonderbarerweise die Neigung besteht, sich, unabhängig von den Umständen, einen Zustand zuzuschreiben, aus dem so viel Unwürde hervorgeht ...*

Die »Unwürde«, von der Thomas Mann hier schreibt, konnte noch viel unwürdigere Zustände hervorrufen, die Seekrankheit. Sie forderte zahlreiche Reisende zur Übergabe auf, hielt sie in ihren Kabinen fest, verringerte die Proviantkosten und reduzierte das Seevergnügen auf ein Minimum. Bis heute fehlt es an unfehlbaren Gegenmitteln, obwohl man über Jahrhunderte allerlei ausprobierte. Auf Pilgerschiffen des späten 15. Jahrhunderts gab es jeden Morgen einen Schluck Malvasierwein, auf Luxuslinern empfahl man, alle zwei Stunden ein Glas Brandy zu trinken. Champagner sollte helfen, Rum mit oder ohne Pampelmusensaft, Limonade, frische Luft oder Bettruhe, Bauchbinden, Nasen- oder Ohrenstöpsel und und und. Der üble Rausch, der lähmt und doch aufscheucht, der betäubt und doch überempfindlich macht, der an Deck, ins Bett und das Essen aus dem Magen treibt, legt sich bei vielen zum Glück nach einer gewissen Gewöhnungsphase. Die Tische im Speisesaal sind dann wieder besetzt, und man tummelt sich auf Kostümbällen, in Theatervorführungen, Rauchsalons, Turnhallen und Schwimmbädern.

Nur die Palast-Hotels des ersten Drittels des 20. Jahrhunderts konnten sich in puncto Prunk und Exklusivität der Reisenden mit den Luxuslinern messen. Das Serviceangebot der Schiffe übertraf sie allerdings bei weitem. Natürlich wurde gern getrunken, zumal von Amerikanern in der Prohibitionszeit, die auf dem Boden ausländischer Schiffe ungeniert und ungefährdet Alkohol genossen. Für so einen Andrang konnte eine Bartheke – wie bei der »Ile de France« (Jungfernfahrt 1927) – schon einmal neun Meter lang sein. Im Umgang mit alkoholisierten, aber gut zahlenden Passagieren zeigte sich die Qualität eines Stewards besonders deutlich. In Zusammenhang mit der »Queen Mary« kolportierte man die Dienstvorschrift: »Ein betrunkener Lord, der mit Champagnerkorken um sich wirft, ist so lange zu tolerieren, bis er einer Herzogin in die Augen zielt.« Disziplinierter mußte es zugehen, als die »Queen Mary« zum Truppentransporter umgebaut im Juli 1943 wohl einen bleibenden Passagierrekord aufstellte, hatte sie doch 16 680 Soldaten an Bord.

Der Erste Weltkrieg legte – wie später der Zweite – die meisten Prachtschiffe lahm. Wer trotzdem fuhr, lief wegen des U-Boot-Kriegs Gefahr, versenkt zu werden, wie es der »Lusitania« geschah. Leichtsinn auf der einen, gnadenlose Ruhmgier auf der anderen Seite brachten 1198 Menschen den Tod.

Der Wettlauf um immer größere, schnellere, prächtigere Schiffe ging nach 1918 erst einmal ohne Deutschland weiter. Dafür mischten sich andere mit Verve in den Wettbewerb nationaler Eitelkeiten. Frankreich hatte mit der »Ile de France« schon einen exzellenten Ruf errungen, den die »Normandie« noch verbesserte. 1932 lief sie vom Stapel, getauft mit Champagner von der Präsidentengattin Madame Lebrun. Drei Jahre lang hatte der Ausbau gedauert, eine Orgie von Dekoration und Pracht und Raumverschwendung. Ihr Speisesaal erstreckte sich mit rund 90 m länger als der Spiegelsaal von Versailles, ein 30-m-Schwimmbecken verwöhnte Sportler, ein veritables Theater und ein Kino von erheblichen Ausmaßen die Kulturversessenen. So fehlte es nicht an Liebhabern, doch sie alle übertraf der Schriftsteller Ludwig Bemelmans, der sich in einen Rausch der Begeisterung schrieb:

*Ich brachte ihr immer mehr Zuneigung entgegen als jedem anderen Schiff. Ich liebte sie wegen ihrer Fröhlichkeit, ihrer Farbenpracht, ihrer Vertrautheit mit der gesamten Welt, die sich auf ihrer Passagierliste vereinte. In ihrem Dekor neigte sie zur Übertreibung, und irgendwie hatte sie etwas von einer femme fatale an sich. Wie ein signeur nahm sie sich das beleidigende Vorrecht, auf die geringeren, bauchigeren, längeren und stabileren Schiffe herabzublicken, und wie alle Aristokraten war sie entsetzlich launenhaft. Ich glaube, sie war weiblicher als jedes andere mir bekannte Schiff. Das war vermutlich der Grund, warum ich sie so liebte.*

Wer sich über den lange Zeit vorherrschenden Pomp, das Gold, den Stuck, die Spiegel im Stile von Ludwig XIV. oder XVI. wundert, die die bedeutendsten Passagierschiffe zierten (oder verunzierten), muß sich nur vor Augen halten, daß die Ausstatter vornehmlich auf die wichtige Gruppe der Amerikaner und ihren Geschmack zielte. Nicht zuletzt ihr Geld und ihre Neugier auf den Alten Kontinent, seine Kultur und seine Exotik, machten den wahnwitzigen Konkurrenzkampf in Sachen Luxus erst möglich. Auf diese Weise bildete sich in den gut vierzig Jahren vor Ausbruch des Zweiten Weltkriegs der Mythos vom unvergleichlichen Leben an Bord der Meeresköniginnen, ob sie nun »Queen Mary« hießen oder »Olympic«, »Europa«, »Amerika«, »Bremen«, »Rex«, »Vaterland«, »Lusitania« oder »Titanic«. Ohne die Aufmerksamkeit der Medien hätte es allerdings nicht zu einer solchen Verbreitung des Mythos kommen können. Illustrierte brachten regelmäßig Bilder und ganze Bildstrecken vom

bewundernswerten Bau und vom erstaunlichen Bordleben der Rie-
sendampfer, Wochenschauen und Spielfilme verliebten sich förmlich
in die Schiffe, und schließlich entstand mit *Anything goes* von Cole
Porter ein Musical, das diese gemeinsame Promotionsaktion von
Medien und Reedern aufs schönste veralberte.

Ließen auch die Gepflogenheiten an Bord manchmal daran zwei-
feln, bestand der Zweck dieser Schiffe immerhin noch darin, Menschen über den Ozean zu transportieren. Man konnte den Luxus
allerdings noch weiter treiben, indem man nicht irgendwohin fuhr,
sondern nur aus purem Vergnügen. 1875 schon schickte Thomas
Cook die »President Christi« auf Nordkap-Fahrt, doch erst 16 Jahre später machte der kluge Albert Ballin daraus ein regelmäßiges Geschäft: Er startete, so sehen es viele, die erste Kreuzfahrt der Schif-
fahrtsgeschichte am 22.1.1891. Die Idee lag auf der Hand, lagen
doch die Schiffe im Winter teuer und nutzlos im Hafen, da Reisende
in dieser Sturmsaison den Atlantik nicht oder nur selten überqueren
wollten. Versuchsweise schickte Ballin also die »Auguste Victoria«
ins Mittelmeer zu einer Forschungs- und Vergnügungsreise und
machte damit schnell Furore.

Nur extrem wenige 241 Passagieren nahm man auf diese zwei-
monatige »Große Orient-Exkursion« mit, bei der es schon ein Land-
programm und längere Liegezeiten in exotischen Häfen gab. Von
vornherein setzte die Hapag auf Exklusivität und forderte für die
billigste Kabine auf der »Auguste Victoria« 1800 Mark, eine Atlan-
tikpassage im Zwischendeck dagegen kostete 170. Bereits zehn Jahre später, 1901, lief mit der »Prinzessin Victoria Luise« das erste
speziell zu Kreuzfahrtzwecken gebaute Schiff vom Stapel: wesentlich
kleiner als Transatlantikschiffe (4419 BRT), langsamer und mit nur
einer, allerdings luxuriösen Klasse. Bald bot man auch andere Ziele
für Kreuzfahrten an, wobei sich eine Art Rhythmus einstellte, der
teils noch heute gilt, im Sommer gab es Nordlandreisen, im Winter
steuerte man Kurs Karibik, im Frühjahr und Herbst erkundete man
das Mittelmeer. 1909 wurde die erste Weltreise auf der »Cleveland«
der Hapag angetreten, die damals größte Kreuzfahrtreederei der
Welt war. 1911 ließ sie sogar den ewigen Schlingerer, den Schnell-
dampfer »Deutschland«, als »Victoria Luise« zum größten Kreuzfahrtschiff der Welt umbauen.

In Deutschland erkannte man auch in der Zwischenkriegszeit bald, daß es eine große Menge von gutverdienenden Bürgern gab, die furchtbar gerne eine Schiffsreise unternommen hätten, jedoch durch die hohen Kosten, den Aufwand, die strenge Etikette und viele andere Ängste davon abgehalten wurden. Die Reederei »Hamburg-Süd« erfand deshalb die »volkstümliche Reise« und damit den ersten Massentourismus auf See. Ihre Schiffe boten preiswerte Kreuzfahrten in Einheitsklassen zu 10 % des Luxuspreises. 1925 erlebte sie damit einen riesigen, unerwarteten Erfolg. Schon ab 180 RM konnte man sich den Traum einer 11-Tage-Nordlandfahrt erfüllen. Im Reedereiprospekt von 1926, der vor allem das Ziel hat, Schwellenängste abzubauen, heißt es:

*Um die Nordlandreise möglichst genußreich zu gestalten, wird die Teilnehmerzahl ganz bedeutend eingeschränkt, und es werden jeweils nur etwa 1500 Personen zugelassen. Diesen stehen große mitschiffsgelegene Promenadendecks, zwei große, geräumige und luftige Speisesäle sowie ein großer Rauchsalon zur Verfügung ... Wir möchten noch besonders darauf hinweisen, daß es sich bei diesen Fahrten um sogenannte »volkstümliche« Reisen handelt, auf denen jeder Luxus, wie er z. B. in den 1. Klassen der Nordlanddampfer üblich ist, vermieden wird. »Monte Sarmiento« ist ein Einheitsschiff dritter Klasse modernsten Typs. Die Reisenden können sich auf diesem Schiff in ungezwungener Weise in einfacher Touristenkleidung bewegen, und wir bitten daher, nur das Notwendige mitzunehmen ... Mitnahme von Gesellschaftskleidung ist nicht erforderlich ... Besonders sei noch hervorgehoben, daß es an Bord weder Wein- noch Trinkzwang gibt. Gutes Trinkwasser wird mitgeführt und kostenfrei, auch zu den Mahlzeiten zur Verfügung gestellt. Außerdem sind Bier, Wein, Mineralwasser und dergleichen sowie Rauchwaren zu mäßigen Preisen erhältlich.*

*Auch die Trinkgeldfrage ist allgemein geregelt, um Nebenspesen an Bord möglichst zu vermeiden.*

Nutznießer dieses Konzepts waren wenige Jahre später die Nationalsozialisten, die es übernahmen, ausbauten und politisch ausschlachteten mit ihrer Organisation »Kraft durch Freude« (»KdF«), die zum Teil sogar die Schiffe der »Hamburg-Süd« nutzte. Kreuzfahrten für Arbeiter: schon die Idee klang damals wie ein Kalauer, ein Widerspruch in sich, ein Ding der Unmöglichkeit, und zwar für die bisherigen Kreuzfahrer wie für die Arbeiter. Die internationale Aufmerksamkeit war den Nationalsozialisten also gewiß, als »KdF«-Schiffe mit Werktätigen die Fjorde Norwegens befuhren, die Südküste Englands mit der Insel Wight ansteuerten oder die Ostseestaaten. In Spanien, Portugal (mit Landgang in Lissabon, auf Madeira und den Azoren) oder Italien empfing man die ungewöhnlichen Passagiere besonders herzlich. 1939 wollte »KdF« sogar eine Seereise nach Japan anbieten, doch der Kriegsausbruch verhinderte dies.

Obwohl eine Ostseekreuzfahrt von acht Tagen mit Bahnfahrt von Augsburg nur 63 RM kostete, eine von zwölf Tagen rund um Italien (von Venedig bis Genua) mit Bahnfahrt ab Würzburg 150 RM, konnten sich viele Arbeiter diesen Spaß immer noch nicht leisten, betrug doch ein Bruttowochenlohn 1936 in der Metallindustrie rund 44 RM, in der Textilindustrie 23 RM, in der Buchdruckerei 50 RM. Also mußten allerlei Unterstützungsstrategien finanzieller Art entwickelt und praktische Maßnahmen ergriffen werden, wie die Bereitstellung von Leih-Reisegepäck, -Fotoapparaten und -Ferngläsern.

»KdF« ließ schließlich sechs eigene Schiffe (vier gekaufte, zwei Neubauten) und sechs gecharterte in der Größe von 720 Passagieren (»Oceana«) bis 1900 (»Monte Olivia« und »Monte Sarmiento«) fahren. Besonderes Aufsehen erregten die Neubauten für »KdF«, die »Wilhelm Gustloff« und die »Robert Ley«, wegen des erheblichen Aufwandes, der für »Arbeiterschiffe« getrieben wurde. Insgesamt 758 874 Seereisende konnten nicht nur häufig zum ersten Mal überhaupt Urlaub im modernen Sinn machen (es gab damals noch keinen fest geregelten Urlaubsanspruch), sondern gleich eine Auslandsreise auf einem durchaus reich ausgestatteten Schiff. Die Propaganda-Wirkung dieser staatlich geförderten Kreuzfahrt-Revolution nach außen und innen war ungeheuer. Es sah tatsächlich so aus, als nähmen die Nationalsozialisten den zweiten Teil ihres Namens ernst. Allerdings scheiterten Versuche, die Deutschen einander näher zu bringen, indem die Schiffe mit Passagieren aus unterschiedlichen »Gauen« besetzt wurden: immer wieder kam es zu Streit, gerade wenn getrunken wurde; und das Trinken an Bord kostete nicht viel. Gleichwohl benahmen sich die Arbeiter und kleinen Angestellten, die mit den Militärangehörigen das Gros der Passagiere ausmachten, in der Regel so, wie es zu erwarten war. Sie ahmten das Luxusleben, das sie höchstens aus Illustrierten kannten, ein wenig nach und genossen ansonsten das Meer in vollen Zügen. Kein Wunder, daß sie bei nationalen Festtagen an Bord begei-

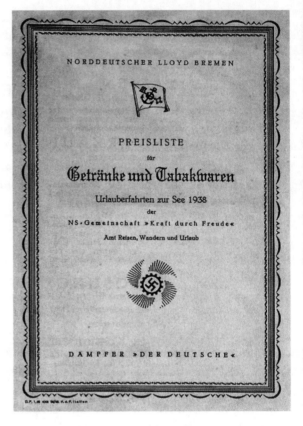

Preisliste für Getränke und Tabakwaren,
Dampfer »Der Deutsche«

stert mitfeierten und die Großzügigkeit des »Führers« und seiner Satrapen priesen. In der Industrie und der NSdAP beurteilte man die »KdF«-Fahrten ein wenig anders:

*Die Auslandsreisen deutscher Arbeiter haben naturgemäß zunächst den Zweck, Freude und Erholung zu bringen. Dadurch werden sie dazu beitragen, unserem Volk starke Nerven zu schaffen und es im Daseinskampfe zu unterstützen.*
(Siemens-Mitteilungen, Nr. 172, April 1936)

Viel deutlicher wird Gerhard Starcke von der Deutschen Arbeitsfront, der kurz vor dem Krieg schreibt:

RHEIN- UND PFALZWEINE | ¹/₁ Flasche ℛℳ | ¹/₂ Flasche ℛℳ
---|---|---
1936er Oppenheimer Hohebrück ... ... ... ... ... ... | 1.50 | —.80
1934er Niersteiner Rosenberg .. ... ... ... ... ... ... | 1.80 | —.95
　　Wachstum G. Reichardt | |
1934er Hallgartener Kirchenacker .. ... ... ... ... ... | 2.— | —
　　Wachstum Vereinigte Weingutsbesitzer | |
1935er Wachenheimer Kreuzberg ... ... ... ... ... ... | 2.25 | —
　　Originalabfüllung Weingut G. Kuhn | |

MOSEL- UND SAARWEINE | |
---|---|---
1935er Bernkasteler Riesling ... ... ... ... ... ... ... | 1.50 | —.80
1935er Piesporter Goldtröpfchen ... ... ... ... ... ... | 1.80 | —.95
　　Wachstum Pfarrgut | |
1934er Ockfener Bockstelner ... ... ... ... ... ... | 2.— | —
　　Wachstum Rheinart Erben | |
1934er Graacher Domprobst .. ... ... ... ... ... ... | 2.25 | —
　　Originalabfüllung Geller | |

FRANKENWEIN | | ¹/₁ Boxbeutel ℛℳ
---|---|---
1935er Iphöfer Julius Echterberg Riesling. ... ... ... ... | | 2.50
　　Originalabfüllung Juliusspitalkellerei | |

ROTWEIN | ¹/₁ Flasche ℛℳ | ¹/₂ Flasche ℛℳ
---|---|---
1935er Walporzheimer Domberg ... ... ... ... ... ... | 1.60 | —.85

SCHANKWEINE | | Römer 0,15 Liter ℛℳ
---|---|---
Weiss ... ... ... ... ... ... ... ... ... ... | | —.25
Rot .. ... ... ... ... ... ... ... ... ... ... | | —.30

SCHAUMWEINE | ¹/₁ Flasche ℛℳ | ¹/₂ Flasche ℛℳ
---|---|---
Deinhard Weisslack ... ... ... ... ... ... ... | 4.— | 2.50
Schloss Ayl, Rotsiegel .. ... ... ... ... ... ... | 4.— |

SÜDWEINE | | Glas von 7¹/₂ ctl ℛℳ
---|---|---
Cadiz Sherry, Original . ... ... ... ... ... ... | | —.40
Douro Portwein, Original .. ... ... ... ... ... ... | | —.40
Vermouth, ital. ... ... ... ... ... ... ... ... | | —.30

SPIRITUOSEN | | Glas von 3 ctl ℛℳ
---|---|---
Alter Korn ... ... ... ... ... ... ... ... :. ... | | —.15
Aquavit, Original . ... ... ... ... ... ... ... | | —.15

*Wir schickten unsere Arbeiter nicht auf eigenen Schiffen auf Urlaub oder bauten ihnen gewaltige Seebäder, weil uns das Spaß machte oder zumindest dem einzelnen, der von diesen Einrichtungen Gebrauch machen kann. Wir taten das nur, um die Arbeitskraft des einzelnen zu erhalten und ihn gestärkt und neu ausgerichtet an seinen Arbeitsplatz zurückkehren zu lassen. KdF überholt gewissermaßen jede Arbeitskraft von Zeit zu Zeit, genauso wie man den Motor eines Kraftwagens nach einer gewissen gelaufenen Kilometerzahl überholen muß.*

So eine Überholung ließen sich die Passagiere gerne gefallen, selbst einige ihrer kuriosen Charakteristika. So weckte man zwischen 6 und 6 Uhr 30 mit dem Signal »Freut Euch des Lebens«. Ein normaler Tagesablauf an Bord konnte dann so weitergehen: Gelegenheit zum Frühsport, Frühstück, Tagesprogramm mit Konzerten, Deckspielen, Volksliedersingen, Bunten Abenden, Tanzveranstaltungen. Schauspieler, Humoristen, Sänger, Schriftsteller, Filmschauspieler reisten mit, die häufig auftraten, dazu gab es Feierstunden dann und wann und wohltätige Sammlungen, die allerdings keinen besonders reichen Ertrag brachten.

Im Vergleich mit dem Alltag konnte sich auch die Speisefolge an Bord der »Robert Ley« vom 4. Mai 1939 sehen lassen. Frühstück: Kaffee/Tee/Schokolade/Milch, ein gekochtes Ei, Marmelade, Butter, Brötchen/Graubrot/Schwarzbrot. 10 Uhr: Fleischbrühe in der Tasse mit Brötchen. Mittag: Italienische Gemüsesuppe, gebröseltes Schweinskotelett, Rotkohl mit Äpfeln, Kartoffeln, Mandelpudding mit Himbeertunke, Weißbrot. Nachmittags: Kaffee/Tee/Milch, Butterkuchen/Dresdner Stollen. Abendessen: Schinkenmakkaroni, Tomatentunke, gemischter Aufschnitt, Weißbrot/Graubrot/Schwarzbrot, Tee. Wer Alkohol wollte, hatte extra zu zahlen, wie erwähnt nicht besonders viel. Wie auf anderen Kreuzfahrtschiffen störten Betrunkene den Bordfrieden selten, herrschten doch soziale Kontrolle und der Wunsch vor, sich dem ganz ungewohnten Parkett »Kreuzfahrtschiff« entsprechend zu benehmen.

Der staatlich geförderte Massentourismus per Schiff Marke »KdF« verschwand nach dem Krieg, Kreuzfahrten wie Atlantiküberquerungen blieben eine teure und exklusive Angelegenheit. Spektakuläre Neubauten wie die »United States« oder die »France« konnten ab den Sechzigern mit den Preisen und Geschwindigkeiten von Flugzeugreisen nicht mehr konkurrieren. Ein paar Jahrzehnte lang sah es so aus, als hätte der Zauber einer Schiffspassage oder Kreuzfahrt nicht nur seinen Reiz, sondern überhaupt seinen Platz in der modernen Welt verloren.

Neue Vermarktungs- und Schiffskonzepte bewirkten allerdings zusammen mit dem Mythos vom außerordentlichen Leben an Bord der Luxusliner in den vergangenen zwanzig Jahren einen Branchenboom. Fuhren 1970 lediglich 500 000 auf Kreuzfahrt- und Linienschiffen, stieg die Passagierzahl allein zwischen 1996 und 2002 von 6,55 Millionen (davon 5,2 Millionen Amerikaner!) auf über 12 Millionen. Die Reise selbst, ja das Meer gerät bei diesen Kreuzfahrten oft in den Hintergrund, das Schiff mit seinem Bordleben wird zum Urlaubsziel. Unmißverständlich formuliert das Cunard:

*Die neue »Queen Elisabeth 2« wird ihre Passagiere nicht lediglich über den Atlantik befördern, sondern Urlaubern als unabhängiger seegängiger Ferienort eine unübertroffene Unterhaltungs- und Erholungsmöglichkeit bieten.*

Gallig schrieb schon Lothar-Günther Buchheim von seiner Enttäuschung, als er vor gut zwanzig Jahren eine Fahrt mit der »Queen Elisabeth 2« nach New York unternahm. Vom Sturm, der See, hört und merkt er nichts, was er als Seemann bedauert. Entsetzt ist er aber über Talmis und Geschmacklosigkeit der Ausstattung, über die Enge an Bord, wo die Gänge eher an Zuchthausflure gemahnen, die Kabinen zum Teil so klein sind, daß eine Frachterbesatzung sie nicht akzeptierte. Schließlich wird er vom Service auch noch arrogant und bürokratisch behandelt, was sich höchstens mit viel Trinkgeld verbessert, und das Essen ist mittelmäßig. Alles kein Vergleich mit der Pracht zwischen 1900 und 1960!

Obwohl sich in dieser Hinsicht viel gebessert hat, zieht es heutzutage tatsächlich die meisten Passagiere auf eine neue Art von Schiffen und Fahrten. Sie wünschen sich »Contemporary Cruises« mit »Fun Ships« (ein geschützter Begriff der Carnival Cruise Lines) oder vergleichbare Ferienorte auf den Wellen (»floating resorts«). Hier herrscht informeller Luxus, die Preise sind etwas günstiger, Animation amerikanischer Art, Kaufen und Sport zählen viel, und die Anbieter achten besonders auf das Senken der Schwellenangst, indem sie die vielen Riten, Regeln, Traditionen außer Kraft setzen oder popularisieren. Wieso unter diesen Bedingungen Seereisen immer noch als romantisch gelten, erscheint schwer verständlich.

Vielleicht sollte man es ja als Fortschritt bewerten, daß heute nicht mehr nur die »happy few« eine Luxusliner-Fahrt machen können, sondern auch Leser von Kundenzeitschriften oder Hörer von Lokalradios. Und wieder, wie vor siebzig Jahren, ahmen die »kleinen« Leute das Leben der Reichen und Berühmten nach. An Bord der »Imperator« bunkerte man für eine Überfahrt von fünf bis sechs Tagen 2100 Flaschen deutschen Champagner und 3000 französischen. Ihren Passagieren bietet heute die »Queen Elizabeth 2« auf der gleichen Strecke etwa 1200 Flaschen Champagner, die viel kleinere »Vistafjord« (25 000 BRT) für eine einwöchige Nordlandtour immerhin 1400 Flaschen Champagner und Sekt. Die feierlichen Umstände der Jungfernfahrt sollen auf der »Queen Mary 2« gar zur Entkorkung von 7000 Flaschen Champagner geführt haben.

Der Alkohol auf See bringt den Reedereien hohen Gewinn, zumal er in der Regel extra zu bezahlen ist. Die Passagiere dagegen erhoffen sich, wenn sie exklusive Getränke wählen, Prestige. Deshalb gibt es auf der »Sovereign of the Seas« alleine zehn Bars und auf der »Queen Mary 2« das größte Weinangebot auf See mit 343 verschiedenen Weinsorten. Der geschätzte jährliche Verbrauch liegt bei rund 230 000 Flaschen. Reiche Auswahl und beeindruckenden Konsum gibt es auch bei härteren Getränken. So verbrauchen die Passagiere auf einer einwöchigen Transatlantik-Kreuzfahrt der »Queen Elizabeth 2« 600 Flaschen Gin (7 Sorten), 240 Flaschen Rum (5 Sorten), 129 Flaschen Wodka (3 Sorten), 240 Flaschen Brandy (10 Sorten), 360 Flaschen diverse Schnäpse (18 Sorten), 240 Flaschen Sherry (5 Sorten), 120 Flaschen Port (4 Sorten) – und 25 720 Flaschen Fruchtsaft.

Wer jetzt auf die Idee käme, das Kreuzfahrtleben bestehe aus Trinken, vergißt, daß eine ganze Kleinstadt an Bord lebt, daß Urlaub gemacht wird und schon zu »Titanic«-Zeiten, als Betrunkene an Bord die große Ausnahme waren, ähnliche Mengen konsumiert wurden. In Southampton kamen damals nicht nur 7000 Kohlköpfe, 2¾ t Tomaten, 36 000 Apfelsinen, 50 t Fleisch, 40 t Kartoffeln, 5 t Zucker an Bord, sondern auch 15 000 Flaschen Wein, 35 000 Flaschen Bier und Soda, 850 Flaschen Hochprozentiges, 8000 Havanna-Zigarren. Aus siebzig verschiedenen Champagnermarken, vierundfünfzig Bordeaux-Weinen und achtundvierzig Burgundern, Mosel und italienischen Weinen soll man gewählt haben können. Als Aperitif trank man damals nach neuester Mode Cocktails.

Den Reichtum konnte der Entdecker des Wracks, Robert D. Ballard, zum kleinen Teil noch besichtigen:

*Die Küchen der »Titanic« hatten ihren ganzen Inhalt hier auf dem Meeresboden ausgeleert: Kupfertöpfe und -pfannen (mit Deckeln), von der Strömung blitzblank poliert; Serviertabletts, Teller, Tassen und sogar ein Kupferausguß. Ein Wein- und Spirituosenkeller breitete sich hier unten aus, dessen Verkauf ein Vermögen erbracht hätte. Da lagen Champagnerflaschen, die meisten noch fest verkorkt.*

Obwohl viele, auch Ballard, für einen Schutz des Wracks plädierten, treiben sich inzwischen für 20 000 Euro pro Fahrt mit dem U-Boot

Leichenfledderer an der »Titanic« herum, die Souvenirs ergattern wollen; auch sie angelockt von einem Mythos, der nicht sterben wird.

Rezept »Titanic-Cocktail«

*1 cl Blue Curaçao*
*4 cl Wodka*
*8 cl Ginger Ale*
*1 Limette*
*Crushed Ice und Rohrzucker*

*Zubereitung:*
Die Limette vierteln, in einen Tumbler geben und mit einem Stößel den Saft herauspressen. Rohrzucker darüber geben. Crushed Ice und Blue Curacao dazu geben und den Wodka über das Eis gießen. Nun rührt man das Ganze vorsichtig um und füllt das Glas mit Ginger Ale und Crushed Ice auf. Wer Lust hat, kann auch noch einen großen Klumpen Eis (als Eisberg) zuoberst auf den Cocktail geben.

# Hochprozentige Passagiere

## Alkohol auf Seereise

MAN KÖNNTE BEI DIESEM TITEL natürlich an Geschichten wie die vom »Bloody-Mary-Club« denken, der auf der »Royal Viking Sun« in den Achtzigern des vorigen Jahrhunderts existierte und vielleicht noch heute existiert. Jeden Tag trafen sich so etwa um die Mittagszeit seine kreuzfahrenden Mitglieder an der Bordbar und begannen ihren Tag auf See mit einer oder mehreren »Bloody Mary«. Auf diese Weise kommt man schon auf einen nicht unerheblichen Promillewert.

Hier geht es aber nicht um ein paar lumpige Promille, es geht gleich um Prozente und manchmal sogar um 96 Prozent, also praktisch reinen Alkohol.

*Auserlesene Spirituosen fahren in der Bar des Topsegelschoners »Jessica« über die Meere*

*Die zwiebelförmige Flasche enthält Rotwein, der eigentlich auf dem Ostindienfahrer »Amsterdam« Batavia erreichen sollte. Die Mannschaft ließ das Schiff – übrigens auf der Jungfernfahrt – wahrscheinlich nach einer Meuterei 1749 vor Hastings auf Grund laufen, weil an Bord eine tödliche Epidemie ausgebrochen war.*

Das beginnt beim simplen Transport von Waren, ein eher prosaisches Thema, das beim Alkohol und der See dennoch sehr seltsame Blüten treibt. Nehmen wir die Chance, Millionär zu werden. Hardy Rodenstock beispielsweise erwarb und erweiterte sein beträchtliches Vermögen nicht nur damit, auf abgelegenen südamerikanischen Haziendas Weinkeller nach uralten Flaschen »Mouton Rothschild« oder »Châteauneuf-du-Pape« zu durchstöbern, die er dann zu Höchstpreisen weiterverkaufen konnte, er handelte auch mit Wrackwein.

Das klingt zunächst wenig appetitlich und ist es auch anfangs nicht, hält man die tangumschlungenen, seepockennarbigen, schlickverschmierten Flaschen in den Händen. Wenn auf der Auktion dann jedoch für Flaschen, die Thomas Jefferson in Paris bestellt, unglücklicherweise aber wegen Schiffsuntergangs nie in Empfang hatte nehmen können, die verrücktesten Gebote eingehen, bekommt die Sache schon ein anderes Gesicht. Ob man die Tropfen noch trinken kann, ist sekundär, die Geschichten um die Flaschen sind es, die mit schwerem Geld bezahlt werden.

Sogar Amphoren des Ozeans gibt es, doch ihr Bodensatz an antiker Flüssigkeit kann mit dem damaligen Wein nichts mehr zu tun haben. Immerhin läßt sich eindeutig feststellen, ob Öl oder Wein verschifft wurde, welche Sorte es war, vielleicht sogar die Herkunft. Beim Wein wie beim Öl entwickelte sich ja schon sehr früh eine feine Differenzierung, so daß bestimmte Sorten, Lagen und Jahrgänge

*Unterwasser-Archäologen untersuchen das antike Wrack eines griechischen Schiffes bei Kyreneia, Zypern. Die Ladung bestand aus Mahlsteinen und Amphoren, u. a. für Wein.*

besonders begehrt waren; am längsten blieb es der Wein von Lesbos und der von der Mastix-Insel Chios. Wie Weintrauben, Feigen, Oliven oder Honig waren Wein und Öl in der Levante eigentlich weit verbreitet und dennoch als Luxusgüter für den Export von erheblicher wirtschaftlicher Bedeutung, weil sie in der Antike nicht zu den Grundnahrungsmitteln gehörten.

Um den Wein für den Transport noch haltbarer zu machen, als er es von Natur aus war, behandelte man ihn vor. Diophanes berichtet in seiner *Geoponica* davon:

> *Wie man Wein für die Ausfuhr auf dem Seeweg stabilisiert§: Gieße ihn durch eine Leinwand, um Feststoffe zu entfernen, koche ihn ein, bis er nur noch die Hälfte seines Volumens hat, und gieße attischen Honig auf den Boden der Amphore, bevor du den Wein hinzufügst – dann hält er eine lange Zeit.*

Wein brachte einfach mehr Profit und ließ sich zudem einfacher und sicherer transportieren. Bier dagegen schickte man in der Antike noch nicht über See. Dabei wurde es mindestens schon 3500 v. Chr. im Zweistromland gebraut, wobei man Malz und Hopfen einsetzte. Im nördlichen Europa gab es Bier gleichfalls sehr früh, erfährt man auch erst in den Sagas der »Edda« davon. Sogar Thor, Odin und ganz Walhalla tranken angeblich Bier. Das war meist ein dünnes Gesöff, wenig schmackhaft, fast alkoholfrei und nicht sehr haltbar. Also experimentierte man herum, indem man beispielsweise beim Darren gekeimten Korns extra Rauch produzierte; das dadurch entstehende Rauchbier schmeckt zwar intensiv, hielt sich als Sondersorte allerdings nur in ein paar fränkischen Brauereien in und um Bamberg. Klüger handelten Mönche, die etwa im 8. Jahrhundert Hopfen verwendeten, schmeckte das Bier doch damit nicht nur stärker und besser, es wurde auch bedeutend haltbarer. Was sonst binnen Tagen oder spätestens Wochen sauer wurde, hielt sich jetzt – bei entsprechender Lagerung – ein Jahr lang.

Als flüssiges Nahrungsmittel und besonders als Fastenspeise stand Bier auf dem Speisezettel des Mittelalters und der Frühen Neuzeit weit oben, doch wurde es in der Regel immer wieder neu und auf jedem Hof eigens gebraut, um sofort getrunken zu werden. Um 1200 allerdings baute man in Deutschland Hopfen für die Bierproduktion im größeren Stil an und setzte ihn beim Brauen ein; im Norden früher als im Süden. Vor allem Bremen und Hamburg wurden so zu Zentren einer Brauindustrie, die hauptsächlich für den See-Export produzierte. Ein großer Markt für Exportbier waren die Niederlande, weil es dort zahlreiche wohlhabende Bürger gab. Von den traditionellen Kräuterbier-Lightversionen der Niederländer unterschied sich Bier aus Bremen und Hamburg so positiv, daß es zum Verkaufsschlager wurde, ja als ein vollkommen anderes, wesentlich höher geachtetes Getränk galt, das weniger mit herkömmlichem Bier als mit Wein konkurrierte.

Gewinnbringend funktionierte das Geschäft nur bei niedrigen Transportkosten, weshalb man die Handelsschiffe zu perfektionieren suchte. So erhöhten technische Verbesserungen an den Hansekoggen, wie das Einziehen eines Kiels, die Ladekapazitäten entscheidend und senkten die Frachtkosten. Etwa 100 Schiffe pendelten 1352–54, um weit über 31 000 Faß, jedes etwa 100 l, in die Niederlande zu transportieren. Hamburg, das damals »Brauhaus der Hansa« genannt wurde, weil es so gutes und so viel Bier exportierte, benötigte von 1370 bis 1380 zwischen 21 000 und 42 000 BRT Schiffsraum allein für den Bierexport in die Niederlande. Erst im ersten Drittel des 15. Jahrhunderts wurden die Holländer klüger, brauten selbst gehopftes Bier und erhoben hohe Einfuhrzölle, wodurch der Markt für deutsches Bier praktisch zusammenbrach. 1480 waren es aber noch etwa 375 000 hl Bier, die in Hamburg gebraut wurden. Um die plötzlich freigewordenen Kapazitäten zu nutzen, orientierten sich die Hansereeder nach Norden. Nach zähen Verhandlungen, mit ökonomischem Druck und manchmal erst durch die Androhung eines Ölkriegs (Bier heißt im Dänischen »Öl«) gelang es der Hanse, sich einen neuen Markt zu öffnen. 1400 exportierte Wismar allein schon etwa 100 000 hl Bier in den Norden!

Ihre Lektion hatten die Holländer im späten Mittelalter so gut gelernt, daß sie immer mehr Bier verkauften und heute zu den unbezweifelten Marktführern gehören: Heineken-Bier kann man in 170 Ländern kaufen, 110 Brauereien stellen es in 50 Ländern her, der Gesamtausstoß beträgt unglaubliche 22,9 Millionen hl (2002).

Bier über die Weltmeere zu transportieren, birgt geringe Gefahren, und auch Weintanker, die gewaltige Mengen im Mittelmeer umherfahren, bedeuten kaum ein Risiko für die Besatzung oder – im Havariefall – für die Umwelt. Ganz anders sieht es aus, wenn die Prozentzahlen des Transportguts steigen. So wurde der Brigantine »Mary Celeste«, genauer gesagt seiner Besatzung, im Jahre 1872 wohl der Alkohol zum Verhängnis, der zu transportieren war; im-

merhin 1701 Fässer. Ohne einen Menschen an Bord wurde das
Schiff gefunden, ohne Rettungsboote, ohne Kampfspuren, mit praktisch intakter Ladung – nur neun Fässer waren leer –, ohne Hinweis
auf die Ursache, weshalb das Schiff aufgegeben worden war. Eine
überzeugende Rekonstruktion geht davon aus, daß es zu einer Ver-
puffung des Alkohols gekommen sein muß, die befürchten ließ, das
Schiff werde verbrennen bwz. explodieren. In Panik sei dann wahrscheinlich die Besatzung in das einzige Boot geflüchtet und habe zu
spät bemerkt, daß die »Mary Celeste« einfach unter Segeln weiter-
fuhr und zu schnell war für die Besatzung, von der niemand über-
lebte.

Da der Transport von Flüssigkeiten über die Meere mittels Fässer
arbeitsaufwendig und sehr risikoreich war, suchte man dringend
nach Ersatzlösungen und fand sie im Tanker. »Glückauf« hieß der
erste Übersee-Tanker der Welt, der 1868 in Dienst gestellt wurde; ein
Öl-Tanker. 1914 gab es weltweit bereits 340 über 1000 BRT große
Tanker. Dieser Schiffstyp bewies seine Tauglichkeit nicht nur für Öl
oder Säuren, man kann ihn auch mit Alkohol fahren lassen, wenn
man es auch bei edleren Tropfen wegen des schlechten Image nicht
an die große Glocke hängt.

Die Firma Bacardi besitzt gleich eine eigene kleine Flotte von drei
schmucken Rum-Tankern, die den hochkonzentrierten Stoff expor-
tieren; immerhin werden ca. 90 % der über 174 Millionen Liter Jah-
resproduktion nicht auf den Bahamas getrunken. Der Rum mit 66
oder gar 92 Vol.-% muß natürlich verdünnt werden, wobei er laut
Gesetz in Indien mit 42,8 Vol.-% wesentlich stärker sein darf als in
der EU (37,5 Vol.-%). Um nun zu verhindern, daß Bacardi aus Bux-
tehude anders schmeckt als Bacardi irgendwo sonst auf der Welt,
wird das hiesige Wasser gefiltert und neutralisiert. Bevor der Rum
von Bord darf, geht, wie bei jedem Schiff, der Zoll an Bord, um zu
kontrollieren, wieviel transportiert wird und welchen Alkoholgehalt
die Ladung in den Tanks hat. Mit Alkohol gleich welcher Couleur
läßt sich ja wegen der hohen Steuern ein lohnendes, wenn auch un-
gesetzliches Geschäft machen.

Schmuggler und Zöllner sind ein seltsames Paar und pflegten
schon immer eine merkwürdige Beziehung, die von inniger Freundschaft, Versippung und engster Kooperation über respektvolle Neu-

tralität bis zu erbittertem Kampf reichen kann. In ganz besonderer Ausprägung kann man das Verhältnis in Häfen beobachten, denn Seeleute kamen als eine der ersten Bevölkerungsgruppen überhaupt weit herum, der unübersichtliche Kosmos ihrer Schiffe bot ideale Gelegenheit zum Schmuggeln und die weglose See ein Terrain, das selbst mit modernsten Methoden nicht lückenlos überwacht werden kann.

Im kleinen Maßstab bedeutete Schnapsschmuggel für den einfachen Seemann ein lohnendes, wenn auch nicht risikoloses Zubrot zur Heuer. Schnaps war leicht zu verstecken, leicht zu transportieren und in der Regel rasch zu verkaufen. Hohe Einfuhrzölle und Alkoholsteuern oder gar Prohibition wie in den USA reizten natürlich besonders dazu, sein Glück zu versuchen. Recht genaue Berichte über den Schmuggel in der estnischen Küstenschiffahrt von Kurks nach Stockholm in der Zwischenkriegszeit (1918–33) sammelte David Papp:

*Es war nicht ungewöhnlich, daß die Seeleute Branntwein als Schmuggelware bei sich führten. Dies war eine riskante Fracht, mit der der Kapitän nichts zu tun haben wollte. Die Besatzung handelte auf eigenes Risiko. In den meisten Fällen waren es nur einige Flaschen mit gewöhnlichem estländischen Kartoffelschnaps, den man zu Hause gekauft hatte. Manchmal war auch von größeren Mengen die Rede, und sogar 94%iger Schnaps soll vorgekommen sein (der Zoll fand immer wieder Schmuggelgut, eine Geldbuße war bei minderschwerem Schmuggel üblich) ... Da die schwedischen Behörden »Schnapsspione« einsetzten, die illegalen Alkoholhandel provozieren sollten, wagten die Schmuggler nur Geschäfte mit ihnen bekannten Personen abzuschließen ... In Estland kostete ein Liter Branntwein zwei estnische Kronen, während man im Stockholmer Hafen sechs schwedische Kronen, also mindestens das Dreifache, für die Flasche erhielt. Der 96%ige Schnaps kostete in Estland 0,98 estnische Kronen, während er in Schweden für 5 Kronen, das heißt das Fünffache, zu haben war. Dieses Extraeinkommen ermöglichte es den Matrosen, in Stockholm Kleinigkeiten für die Heimreise einzukaufen.*

Etwa fünfzig Jahre später beschreibt Landolf Scherzer, wie die Besatzung eines DDR-Fischfang-Fabrikschiffs allerlei versucht, um die Wodka-Ration bei einem unverhofften Landgang in Kanada zu verkaufen, ist es doch die einzige Möglichkeit, an Devisen zu kommen.

Bei so unbedeutenden Mengen wie ein paar Flaschen Schnaps drückt ein Zöllner schon einmal ein Auge zu. In sehr vielen Ländern ist es sogar umgekehrt so, daß Zöllner oder Lotsen ohne Schnaps- und Zigaretten-Bestechung nicht von Bord gehen, weshalb unter Seeleuten beispielsweise der Suez-Kanal auch »Marlboro-Graben« hieß. Wer in arabischen Ländern vor Anker gehen will, muß sogar Vorkehrungen für den Schmuggel an Bord des eigenen Schiffes treffen, denn Alkohol ist dort so tabu, daß Zöllner kontrollieren, ob sich irgendwo unverplombter oder unversiegelter Alkohol befindet. Selbst der medizinische Vorrat wird durchsucht und gegebenenfalls für den Aufenthalt im Hafen versiegelt. Nicht nur auf DDR-Schiffen nahm man deshalb Zuflucht zur sogenannten »Jiddah-Klüse«, von der Wolfgang Steusloff berichtet:

*Durch die Jiddah-Klüse gelangte man nämlich, nach Abschrauben einer kleinen Wandplatte, mit einem Arm in die von Hafenbehörden versiegelte Bierlast und an den Inhalt der zuvor entsprechend plazierten Bierkisten.*

Einziger Vorteil mancher islamischer Länder für manche Rauschwillige: Haschisch und Marihuana kann man dort günstig für den Eigenverbrauch oder Weiterverkauf in kleinen Quantitäten erwerben.

Doch das alles ist Kinderkram gegenüber den Mengen und Methoden professioneller Schmuggler, denen es immer wieder gelingt, den Zoll – in Deutschland immerhin eine der größten Verwaltungen des Bundes – hinters Licht zu führen. Natürlich rüstet der Zoll auf mit Containerdurchleuchtungsapparaturen, Infrarot-, Nachtsichtgeräten und künstlichen Spürhunden, die im Gegensatz zu echten Hunden überhaupt nicht mehr durch läufige Hündinnen oder Wurst verwirrt werden können.

So findet man, obwohl der Zoll nicht jeden einzelnen der Millionen und Abermillionen von Containern, die zwischen den Kontinenten hin- und hergeschippert werden, gründlich untersuchen kann, immer wieder Schmuggelgut. Aus Vietnam kommende »Chinesische Nudeln« mit Zielhafen Bremerhaven erweisen sich dann schon einmal, nachdem der niederländische Zoll mit Röntgengerät angerückt ist, als 24 000 l Äthylalkohol, verpackt in Kartons mit 20-l-Kanistern. Um die Hintermänner zu erwischen, ließ man den Transport nach Tschechien fahren, wo 9 Verdächtige, 40 Fässer mit Schmuggelalkohol, Plagiate von Markenwaren und Zigaretten sichergestellt werden konnten. Außerdem wurde klar, daß auf diesem Weg schon mehrfach Alkohol geschmuggelt worden war. Es müssen nicht immer Nudeln sein, die sich als Hochprozentiges herausstellen, manchmal ist es ein Container mit einer interessanten »Würzsoße«, immerhin 15 543 Liter mit 90 Vol.-%, oder ein Container mit Spielzeug der besonderen Art, 15 000 Liter mit gleichem Alkoholgehalt. Natürlich gibt es außerdem noch die Produktpiraten, die immer wieder dem Zoll ins Netz gehen: Allein 2003 fand man 34 Container mit 700 000 Flaschen nicht lizensiertem Wodka, der dann vernichtet wurde.

Doch nicht nur die Schmuggler gehen ein erhebliches Risiko ein, auch die Käufer von supergünstigem Alkohol bekommen immer wieder statt Sorgenbrecher Blindmacher. 38–63 g Methanol finden sich zuweilen in 1 l reinem Alkohol; wenn auch erst – je nach Körpergewicht – ein halber Liter davon tötet, reichen geringere Mengen, um den Sehnerv bis zur Erblindung, dazu Leber, Nieren und Herz zu schädigen.

Darauf schienen es auch manche Passagiere traditioneller Butterfahrten angelegt zu haben, egal ob sie von deutschen oder von skandinavischen Kais ablegten. Ein paar Stunden auf See, vielleicht noch das Anlegen an fremdländischer Küste genügten, zollfreien Einkauf zu erlauben und günstigen Schnaps an Bord zu erwerben. Helgoland hieß deshalb unter Butterfahrern jahrzehntelang »Whisky-Rock«. Die EU-Gesetzgebung hat allerdings diese seltsame Form des Volksvergnügens beendet, bei dem sich im besten Fall allerlei Rentner an der fröhlichen, preiswerten Seefahrt erfreuten, im schlimmsten und nicht so seltenen Fall jedoch Männer und Frauen, die einander gegenseitig stützten, an Land torkelten, die Tragetaschen voller Schnaps und die Mägen, falls sie nicht gerade gebrochen hatten, ebenso.

Alkoholgeschwängert, doch nicht betrunken, fahren noch seltsamere hochprozentige Passagiere über die Meere, manchmal in zerlegter Form, manchmal im Ganzen, und fast alle haben das schöne Schottland zum Ziel. Tausende und Abertausende von wohlalkoholisierten, aber leeren Fässern erreichen nämlich Jahr für Jahr über den Seeweg die kleinen und großen Destillerien an den Glens und Lochs und auf den Isles, um bei der Bereitung von köstlichem Lebenswasser behilflich zu sein.

Die kuriose Faßpilgerfahrt hat noch keine so lange Tradition, denn viele hundert Jahre hatte man Whisky entweder an Ort und Stelle getrunken oder in Tonkrügen aufbewahrt. Fässer verwendete man nur ganz selten, wenn man größere Mengen transportieren wollte. Um die Mitte des 19. Jahrhunderts, als man zu erkennen begann, was für ein wunderbares Getränk Whisky werden konnte, wenn man ihm nur genügend Zeit ließ, kam man darauf, ihn in Sherryfässern reifen zu lassen. Die gab es in greifbarer Nähe reichlich und günstig, denn die Briten tranken den starken Wein aus Südspanien besonders gern, weshalb auch sein Name, der von der Stadt Jerez de la Frontera herstammt, in Sherry verenglischt wurde. Bevor besondere Brennverfahren billigen Branntwein in großen Mengen bereitstellten, bot der Süßwein aus dem Süden, den arabische Quellen schon im 12. Jahrhundert erwähnen, gleich mehrere unschlagbare Vorteile: er hielt sich wesentlich länger als Bier oder Wein, schmeckte bedeutend besser und hatte mit 17 bis gut 20 Vol.-% wesentlich mehr Wirkung. Natürlich gab es andere vergleichbare Sorten aus Malaga, von den Kanarischen Inseln, Zypern oder Griechenland, doch Sherry und, nicht zu vergessen, Portwein (nach der Stadt Porto benannt) ließen sich schon von der geographischen Lage her rasch und vergleichsweise günstig nach England verschiffen. Jeder Importeuer jedenfalls, der auf sich hielt, führte seine eigenen Faßabfüllungen nach England ein, und so gab es Massen von kleinen und großen leeren Sherryfässern. Warum Portfässer nicht verwendet wurden, darüber schweigen sich die Quellen aus; erst Ende des 20. Jahrhunderts kamen auch sie in Gebrauch und lösten eine kleine Mode aus.

Der Vorteil gebrauchter Fässer – egal ob Sherry oder Port darin gelagert worden war – gegenüber neuen liegt auf der Hand. Sie haben möglicherweise unerwünschte Holzaromen schon abgegeben und dafür erwünschte Noten und Farbstoffe des Alkohols, der in ihnen reifte, aufgenommen. Wie bei Luxus-Genußmitteln üblich, entwickelte sich auch in diesem Fall eine unglaubliche Differenzierung. So genügt es für »Macallan«-Whisky nicht, einfach nur irgendwelche Sherryfässer zu verwenden, er lagert ausschließlich in Oloroso-Fässern.

Natürlich gab es irgendwann ein Problem. Je mehr Destillerien ihren Whisky in Sherryfässern reifen lassen wollten, um so seltener und teurer wurden die Fässer. Dazu kam, daß man immer häufiger Sherry in Flaschen abgefüllt importierte oder gleich in Stahltanks. Die Kosten stiegen schon Ende des 20. Jahrhunderts auf bis zu 250 Pfund für ein einziges Faß. Obwohl in derselben Zeit Whiskys, vor allem Single-Malts, immer höhere Preise erzielten, suchte man dringend nach Alternativen und fand sie über dem Atlantik, denn die amerikanischen Gesetze verlangen, daß alles, was sich »Bourbon« nennen will, in jungfräulichen Eichenfässern reifen muß. Also war eine ununterbrochene Versorgung mit gebrauchten Fässern aus den USA sichergestellt, die seither über den Atlantik dümpeln. Eine weitere Idee hatte man bei der Firma »Macallan«. Sie läßt in Spanien Fässer herstellen, vermietet sie an die Sherry-Produzenten und transportiert sie, wenn der fertige Sherry abgefüllt ist, nach Schottland.

Ein kleiner Teil der Sherryfässer fährt allerdings an Schottland vorbei und noch weiter nach Norden, um in Norwegen den Alkohol aufzunehmen, der wahrscheinlich am weitesten reist: »Linie-Aquavit«. Seine Hersteller schicken ihr Lebenswasser auf eine höchst luxuriöse Seefahrt, die zweimal mindestens über den Äquator, die Linie eben, führen muß. Ein seltsamer Brauch ist das, und seltsam, daß gerade die Deutschen ihm soviel Aufmerksamkeit schenken, denn hier wird am meisten von dem speziellen Aquavit verkauft. Ebenso seltsam ist der Ursprung des Brauches: Im Jahre 1850 bestellte jemand in Australien, vielleicht ein heimwehkranker Norweger, in seiner Heimat Aquavit, doch als das Schiff nach vielmonatiger Fahrt endlich dort ankam, lebte der unglückliche Besteller nicht mehr. Ein anderer Käufer fand sich nicht, weshalb der ehrliche Kapitän die Ladung wieder nach Norwegen brachte. Als man dort den weitgereisten Schnaps probierte, war aus ihm eine unvergleichliche Köstlichkeit geworden. So ähnlich erzählen jedenfalls die Werbestrategen der Firma »Arcus AS« die Geschichte, wobei sie immerhin zugeben, daß sie sich in legendarischem Dunkel verliert. Vielleicht ließen sich die Norweger auch nur von »Ostindischem Madeira« inspirieren, denn so nannte man Madeira, der in Fässern und auf Segelschiffen bis Indonesien und wieder zurück transportiert wurde.

Die Reise allein reichte beim Madeira oder beim »Linie-Aquavit« allerdings nicht aus. Schon das Ausgangsmaterial, ein ehrlicher Kartoffelschnaps, ist bestimmten Veredelungsprozessen unterworfen, bevor er die Fahrt über den Äquator antritt. Kümmel, Koriander oder Sternanis gehören hinein, dazu immer neue Gewürzmischungen, um jedes Jahr das Angebot etwas erweitern oder verändern zu können. Ein Jahr lang lagert der Aquavit dann an Land, bis er endlich an Bord eines Frachters kommt. Etwa tausend Fässer sind dauernd unterwegs. Und was für Fässer sind das: Eichenfässer, in denen mindestens zehn Jahre lang Sherry, genauer gesagt Oloroso, gelagert hat. Weil die, wie erwähnt, immer seltener werden, sammelt die Firma sogar Teile von defekten Fässern, um in der einzigen Küfnerei Norwegens aus ihnen neue zusammenpuzzeln zu können.

Was auf der Fahrt über Tausende von Seemeilen geschieht, kann niemand genau erklären, denn in heutigen Frachträumen kann kaum noch Seeluft auf den Alkohol einwirken. Es bleibt also beim Hinweis auf die sanfte Dünung, die im Faß herrscht, das deshalb nie ganz gefüllt sein darf. Künstlich, das bekräftigen die Hersteller, lasse sich dieser einzigartige Reifungseffekt jedenfalls nicht erzielen. Wer wissen möchte, auf welchem Schiff der Reederei »Wilhelm Wilhelmsen«»Linie-Aquavit« den Äquator überquerte, muß nur auf die Rückseite des Etiketts schauen, wo der Name und die Reisedaten vermerkt sind. Bei meinem, aus dem ich gerade trinke, steht: »M/V Taronga, 31.01.2002–07.06.2002.«

# Nur wer trinkt, kann schreiben

### Die Kunst, Post auf Wellen reiten zu lassen

DIE WELLEN SPÜLEN EINE FLASCHE AN, die offenbar schon eine lange Reise hinter sich gebracht hat. Ein Fischer sieht sie am Strand liegen und entdeckt darin eine schwer entzifferbare Nachricht, mit der ein Schiffbrüchiger um Rettung von einer Insel bittet. So will es der Mythos, so will es die Literatur, die allerdings die Auffindung gerne noch etwas abenteuerlicher gestaltet. So bietet Jules Verne gleich zu Anfang eines seiner spannendsten Romane einen Hammerhai als Flaschenpostboten auf. Eine lordliche Yacht sichtet, ködert, fängt, hievt ihn an Bord, wo die übliche Magenschau beginnt, weiß man doch von der erstaunlichen Verfressenheit und Schluckpotenz dieser Tiere. Tatsächlich findet sich auch hier Überraschendes, »ein Clicquot-Produkt«, wie der Champagner-Kenner Major Nabbs nach der Reinigung erkennt, eine Flasche also, und zwar eine, die es in sich hat. Die drei meerwasserzerfressenen Blätter zu verstehen, die jeweils in drei Sprachen den gleichen Hilferuf aufweisen, ist allerdings nicht leicht. Immerhin erkennt man, daß jemand gestrandet ist, Hilfe braucht und sich auf 37°11' Breite befindet. Den Längengrad und viele weitere wichtige Angaben bleiben aber unentzifferbar. Am Ende wird es, manchen Mißverständnissen und tausend Gefahren zum Trotz, dann doch gelingen, *Die Kinder des Kapitän Grant,* das ist der Romantitel, mit ihrem Vater zusammenzuführen.

Auch bei Astrid Lindgren erreicht die den Wellen anvertraute Flaschenpost von Ephraim Langstrumpf seine Tochter. Die Seeliteratur überhaupt und vor allem Piratengeschichten können auf dieses beliebte Requisit fast nicht verzichten, Cartoons über Schiffbrüchige auf Inseln erst recht nicht. Sogar ein weltbekannter Popsong von »Police« widmete sich dem Phänomen der *Message in a Bottle.*

In der Wirklichkeit dagegen fehlt es merkwürdigerweise an Quel-

len, Nachweisen und belegbaren Geschichten über die Rettung von
Ausgesetzten oder Gestrandeten mit Hilfe der Flaschenpost. Gleichwohl handelt es sich nicht nur um einen Mythos, daß Seefahrer in
Notsituationen versiegelte Nachrichten ins Meer warfen: An einem
Donnerstag, dem 14. Februar 1493, ist es bei Christophorus Kolumbus, der in seinem Tagebuch von sich in der dritten Person schreibt,
soweit:

> *... damit Ihre Hoheiten wüßten, daß unser Herr und Heiland ihm
> [C. K.] zum Triumph verholfen hatte in allen Dingen, die er von
> den Indien ersehnte, und damit sie wüßten, daß es in jenen Ge-
> genden keine Stürme gäbe, was man, wie er sagt, daran erkennen
> kann, daß selbst im Meere Gräser und Bäume wachsen, und da-
> mit die Könige, falls er bei diesem Sturm hier zugrunde ginge, ei-
> ne Nachricht von seiner Reise hätten, nahm er ein Pergament und
> schrieb alles darauf nieder, was er vermochte, über alles, was er
> entdeckt hatte, und bat den, der dies fände, inständig, es den Kö-
> nigen zu überbringen. Dieses Pergament wickelte er in ein Stück
> Wachstuch, verschnürte es sorgfältig, dann ließ er ein großes
> Holzfaß bringen und steckte es hinein – ohne einem von den an-
> deren zu sagen, worum es sich handelte, so daß alle glaubten, es
> sei irgendeine Andachtshandlung oder ein Gelübde – und ließ es
> ins Meer werfen.*

Daß man sein Faß niemals fand, entmutigte weder Kolumbus noch
seine Nachfahren auf den Meeren; es gab ja im Notfall auch wenig
Alternativen.

Die Chancen dafür, daß ein Faß oder eine Flasche Hunderte oder
gar Tausende von Seemeilen unbeschadet übersteht und tatsächlich
gefunden wird, sind nicht besonders gut, zumal Experten davon aus-
gehen, eine Flaschenpost könne durchaus zehnmal die Erde auf dem
Meer umkreisen, ehe sie auf Land stoße. Daß Nachrichten darin
noch zu lesen sind und an die richtige Stelle übermittelt werden, ist
nicht weniger unwahrscheinlich. Wahrscheinlich sorgen zuvor Klip-
pen dafür, daß die Behältnisse zerstört werden, undichte Behälter
lassen Seewasser ein, das erst die Nachricht beschädigt und dann
zum Untergang führt, am Strand überdecken Sand, Treibholz und

Tang die Flasche. Finder gehen achtlos mit ihr um, werfen sie zurück ins Meer, um in nichts hineingezogen zu werden, oder behalten die Flasche und ihre Botschaft für sich. Vielleicht denken manche sogar noch an die lehrreiche Geschichte aus *Tausendundeiner Nacht,* in der ein Fischer eine Flasche findet, das Siegel des Verschlusses bricht und damit einen höchst bedrohlichen Dschinn befreit, der ihn zu töten droht; eine parodistische Spur führt von hier bis zu der US-TV-Serie *Bezaubernde Jeannie.*

Eine verläßlichere Form der Flaschenpost-Übermittlung benutzte man im 18. Jahrhundert. Georg Forster berichtet:

*Nachmittags wurde ein Boot abgeschickt, um eine Flasche mit einer Botschaft an Kapitän Furneaux unter einem Baum zu vergraben, falls er etwa nach unserer Abreise noch hierherkommen sollte.*

Auch Bougainville ging am 14. April 1768 so vor:

*Ich vergrub bei dem Lager [bei der Abfahrt von Tahiti] eine auf Eichenholz geschriebene Inschrift, welche besagte, daß wir von der Insel feierlich Besitz nahmen, und zugleich eine fest verschlossene und verleimte Flasche mit den Namen der Offiziere von den beiden Schiffen. Ich tat dieses bei allen während der Reise entdeckten Ländern.*

Da Cook wie Bougainville Wein und Schnaps mit sich führten, herrschte kein Mangel an Flaschen, die allerdings erst geleert werden mußten, bevor man sie als Botschaftshülle verwenden konnte; eine Notwendigkeit, der sich die Mannschaft oder die Offiziere sicher gerne unterwarfen.

Zwar trank bei der größten Flaschenpost-Aktion aller Zeiten keiner mehr, dafür erzielten die Sendungen einen großen Erfolg. Das Bundesamt für Seeschiffahrt und Hydrographie in Hamburg, ehemals Deutsche Seewarte, wollte nämlich mehr über die Geheimnisse der Meeresströmungen erfahren und gab deshalb zwischen 1887 und 1933 Normflaschen und Formblätter an deutsche Kapitäne aus. Auf den Formularen, die dem Finder eine Belohnung versprachen,

*Flaschenpost aus aller Welt, Museum für Kommunikation, Hamburg*

wenn sie die Flaschen mit Angabe der Fundposition und -zeit abga-
ben, hatten die Schiffsführer, bevor sie den Verschluß möglichst
sorgfältig verschlossen und die Flaschenpost aussetzten, ihre Posi-
tion und das Datum anzugeben. Über 600 dieser Flaschen kamen
immerhin zurück und ermöglichten neue empirische Erkenntnisse zu
den Strömungsverhältnissen im Meer.

So harte Fakten interessieren all die Menschen, die noch heute
der See oder den Flüssen ihre Flaschenpost anvertrauen, nicht. Sie
wollen in der Regel auch nicht aus Seenot oder von einer einsamen

Insel gerettet werden. Vielmehr reizt sie das Zufällige, die Sendung einer Botschaft ins Ungewisse, an einen unbekannten Empfänger, die Möglichkeit der Vergeblichkeit, die Chance auf Überraschungen und ein Medium, dem sie sich öffnen können, weil die Wahrscheinlichkeit ja gar nicht so groß ist, daß je einer lesen wird, was sie geschrieben haben. Romantische Gefühle, Scherze, Launen können Flaschenpost-Sendungen auslösen und manchmal auch die Kunst. Im Hamburger »Museum für Kommunikation« sammelt man schon lange alles, was mit Flaschenpost zu tun hat, und so ist es nur konsequent, wenn dort auch der Flaschenpostautomat der Münsteraner Künstlerin Kirsten Kaiser zu finden ist. Sie entwickelte ihn 1998 für das Ausstellungsprojekt »An Elbe und Rhein«, doch jetzt steht er im Kommunikationsmuseum und stellt für nur zwei Euro dem Besucher alle notwendigen Dinge für eine Flaschenpost zur Verfügung: eine Flasche, Briefpapier, einen Stift und natürlich einen Korken. Was man schreibt, wo man die Flasche dem Wasser übergibt, bleibt jedem selbst überlassen, aber das Museum freut sich natürlich über Rückmeldungen und gereiste Flaschen. Manche schaffen es nicht einmal aus dem Hafenbecken heraus, andere treiben dagegen weit und immer weiter hinaus.

Diese unsichere Postform fasziniert besonders die Literaten, denn in gewisser Weise gleicht die Veröffentlichung von Texten der Flaschenpost, wie Paul Celan 1958 in seiner Dankesrede zum Bremer Literaturpreis äußerte:

*Das Gedicht kann, da es ja eine Erscheinungsform der Sprache und damit seinem Wesen nach dialogisch ist, eine Flaschenpost sein, aufgegeben in dem – gewiß nicht immer hoffnungsstarken – Glauben, sie könnte irgendwo und irgendwann an Land gespült werden, an Herzland vielleicht. Gedichte sind auch auf diese Weise unterwegs: sie halten auf etwas zu.*

Was könnte ich mir als Verfasser dieses Buches, das immerhin mit der Materie zu tun hat, anderes wünschen? So schließe ich mich Celans »Glauben« an und hoffe mit ihm, mein Buch möge immer wieder einmal für jemanden aus der Textflut auftauchen und den Weg an seinen Lesestrand finden.

# Eine Kinderfrage und ein Rezept zum Schluß

**TRINKEN EIGENTLICH FISCHE?** Ja, tatsächlich, Seefische trinken, und zwar Meerwasser, das allerdings in den Kiemen stark entsalzt wird. Durst ist aber nicht das eigentliche Problem für die Fische, es ist der osmotische Druck. Im Süßwasser wird Wasser durch den höheren osmotischen Druck der salzreicheren Gewebeflüssigkeit und des Bluts in den Fisch gesogen, er muß es also regelmäßig ausscheiden. Im Salzwasser ist der osmotische Druck des umgebenden Wassers deutlich höher als jener der Gewebeflüssigkeit und des Blutes, Fische müssen dort also Wasser aufnehmen, um nicht auszutrocknen. Nur die Haie haben sich anders angepaßt, indem sie den Harnstoffpegel im Blut hochhalten können. Ihre Kiemen sind mit einer Membran überzogen, die den Harnstoff zurückhält, damit ist ihr Blut von höherem osmotischem Druck als das umgebende Meer, weswegen auch sie genügend Wasser ausscheiden müssen. Besonders schwer haben es Fische, die phasenweise im Süß- und im Salzwasser leben. Lachse und Aale müssen sich dabei jeweils umstellen.

Aale, diese wundersamen Seeschlängler, sollen übrigens, und das darf zum Schluß nicht verschwiegen werden, ein unfehlbares Mittel enthalten, den Fängen des Alkohols für immer zu entkommen. In der römischen Antike benutzte man sie als Fisch-Medizin gegen die Trunksucht, deren einfaches Rezept Landolf Scherzer erwähnt:

>»Nimm einen Aal und lege ihn in Wein. Gib beides dem Trunksüchtigen, und er wird fortan von seiner Krankheit geheilt sein.« Später wurde die Entwöhnungskur verschärft, indem man dem Alkoholiker Wein gemischt mit frischem Aalblut einflößte und wartete, bis ihm der Schaum aus dem Mund lief. (Aalblut enthält giftige Ichthyotoxine, die Krämpfe, Lähmungserscheinungen und

*ein Absinken der Bluttemperatur bewirken und sich erst beim Kochen, Braten oder Räuchern – also Erhitzen – des Aals zersetzen.)*

# Literaturliste

### Trunken vom Passat
London, Jack: *König Alkohol.* Deutsch von Erwin Magnus. Dtv, München 1994.
London, Jack: *Der Seewolf.* Deutsch von Erwin Magnus. Deutsche Verlags AG, Berlin 1926.

### Zum Einstieg die Martini-Regel
Plafki, Christian: *Tauchen: Physiologie und Medizin. Grundlagen – Erkrankungen – Unfälle – Tauglichkeit.* Spitta, Balingen 2001.

### Delphine und Wein
Andersen, Hans Christian: »Die kleine Seejungfrau.« In: Ders.: *Märchen und Geschichten. Eine Auswahl.* Aus dem Dänischen von Eva-Maria Blühm. Reclam, Leipzig 1987.
Apollonius von Rhodos: *Die Fahrt der Argonauten.* Griechisch/Deutsch. Hg., übers. und komm. von Paul Dräger. Reclam, Stuttgart 2002.
Bunk, Lutz: *50 Klassiker. Schiffe. Von der Arche Noah bis zur Cap Anamur.* Gerstenberg, Hildesheim 2004.
Dalby, Andrew: *Essen und Trinken im alten Griechenland. Von Homer bis zur byzantinischen Zeit.* Übersetzt von Kai Brodersen. Reclam, Stuttgart 1998.
Hamdorf, Friedrich Wilhelm: *Dionysos. Bacchus. Kult und Wandlungen des Weingottes.* Callwey, München 1986.
Hauff, Wilhelm: »Die Geschichte vom Gespensterschiff.« In: Ders.: *Werke. Bd. 1, Märchen. Die Karawane.* Hg. von Bernhard Zeller. Insel, Frankfurt am Main 1969, S. 25–35.
Nonnos: »Dionysiaka.« In: Ders.: *Werke in zwei Bänden. Bd. 1.* Übers. von Dietrich Ebener. Aufbau, Berlin/Weimar 1985.
Otto, Walter F.: *Dionysos.* Klostermann, Frankfurt am Main 1933.
Ovid (Publius Ovidius Naso): *Metamorphosen.* Hg. und übers. von Gerhard Fink. Artemis & Winkler, Düsseldorf/Zürich 2004.
Wagner, Richard: *Der fliegende Holländer.* Hg. von Wilhelm Zentner. Reclam, Stuttgart 1954.

### »Und 'ne Buddel voll Rum«
Arkell, Julie: *Classic Rum.* Prion, London 1999.
Barty-King, Hugh und Massel, Anton: *Rum. Yesterday and Today.* Heinemann, London 1983.
Hamilton, Edward: *Das Rum-Buch.* Aus dem Amerikanischen von Kevin Frank. Lichtenberg, München 1998.
Plotkin, Robert: *Caribe Rum. The Original Guide to Caribbean Rum and Drinks.* Partners Pub Group, Tucson 2001.

Rogozinski, Jan: *Pirates! Brigands, Buccaneers, and Privateers in Fact, Fiction, and Legend.* Facts on File, New York 1995.

Salentiny, Fernand: *Piraten. Eine Bilddokumentation über Schurken und Helden der Seefahrt.* Welsermühl, Wels 1978.

Stevenson, Robert Louis: *Die Schatzinsel.* Übersetzt von Friedhelm Rathjen. Haffmans, Zürich 1997.

Tegtmeier, Konrad: *ABC der christlichen Seefahrt. Kurioses Lexikon für Freunde der Häfen, der Schiffe und der See.* Mit Zeichnungen von Alfred Mahlau. Hauswedell, Hamburg 1948.

### The Drunken Sailor

Brozio, Udo und Mittelstedt, Manfred: *Rolling Home. Seemannsbräuche, Shanties und die Faszination der Großsegler.* Convent, Hamburg 2002.

Gerstenberger, Heide und Welke, Ulrich (Hg.): *Vom Wind zum Dampf. Sozialgeschichte der deutschen Handelsschiffahrt im Zeitalter der Industrialisierung.* Westfälisches Dampfboot, Münster 1996.

Lavery, Brian: *Nelson's Navy. The Ships, Men and Organisation, 1793–1815.* Conway Maritime, London 1989.

Marjot, D. H.: »Delirium Tremens in the Royal Navy and British Army in the 19th Century.« In: *Journal of Studies on Alcohol 38*, 1977, Nr. 9, S. 1613–1623.

Melville, Herman: *Omu. Ein Abenteuerroman aus der Südsee.* Ohne Übersetzer-Angabe. Ibis, Pittsburgh/Wien 1947.

Schadewaldt, Wolfgang: »Alkohol an Bord.« In: *Schiff und Zeit 2*, 1976, S. 55–65.

Steusloff, Wolfgang: *Bordleben auf Rostocker Handelsschiffen 1950–1990.* Die Hanse, Hamburg 1995.

Steusloff, Wolfgang: »›… inseipt, afrasiert un rin na't Küben.‹ Linientaufen auf deutschen Schiffen von der Mitte des 19. bis zur Mitte des 20. Jahrhunderts.« In: *Deutsches Schiffahrtsarchiv 15*, 1992, S. 359–388.

Steusloff, Wolfgang: *Von den Feiern der Seeleute.* Kabel, Hamburg 1988.

Struck, Winfried: *Seeschiffahrt als Sozialbeziehung unter einem gemeinsamen arbeits-, technik- und umweltsoziologischen Aspekt.* Kiel 1990.

### Käpt'n Blaubär am Steuer

Scherzer, Landolf: *Fänger & Gefangene. 2386 Stunden vor Labrador und anderswo.* Greifenverlag, Rudolstadt, 2. Aufl. 1990.

Steusloff, Wolfgang: *Bordleben auf Rostocker Handelsschiffen 1950–1990.* Die Hanse, Hamburg 1995.

Steusloff, Wolfgang: *Von den Feiern der Seeleute.* Kabel, Hamburg 1988.

Struck, Winfried: *Seeschiffahrt als Sozialbeziehung unter einem gemeinsamen arbeits-, technik- und umweltsoziologischen Aspekt.* Kiel 1990.

### »Es gibt kein Bier auf Hawaii«

Bougainville, Louis-Antoine de: *Reise um die Welt, welche mit der Fregatte La Boudeuse und dem Fleutschiff L'Etoile in den Jahren 1766, 1767, 1768 und 1769 gemacht worden.* Rütten & Loening, Berlin 1980 (Erstausgabe 1771).

Davies, Margrit: »Das Gesundheitswesen im Kaiser-Wilhelmsland und im Bismarckarchipel.« In: *Die Deutsche Südsee 1884–1914. Ein Handbuch.* Hg. von Hermann Joseph Hiery. Schoeningh, Paderborn 2001, S. 417–449.

Dunmore, John (Hg.): *The Pacific Journal of Louis-Antoine de Bougainville 1767–1768.* Hakluyt Society, London 2002.

Forster, Georg: *Entdeckungsreise nach Tahiti und in die Südsee 1772–1775.* Neu hg. von Hermann Homann. Erdmann, Tübingen 1979.

Forster, Georg: »Fragmente über Captain Cooks letzte Reise und sein Ende.« In: *Göttingisches Magazin der Wissenschaften und Literatur I, 6* (1780), S. 307–429.

Heermann, Ingrid: *Mythos Tahiti. Südsee – Traum und Realität.* Reimer, Berlin 1987.

Koch, Gerd: »Die Menschen der Südsee.« In: *Die Deutsche Südsee 1884–1914. Ein Handbuch.* Hg. von Hermann Joseph Hiery. Schoeningh, Paderborn 2001, S. 113–131.

Melville, Herman: *Omu. Ein Abenteuerroman aus der Südsee.* Ohne Übersetzer-Angabe. Ibis, Pittsburgh/Wien 1947.

Sahlins, Marshall: *Der Tod des Kapitän Cook. Geschichte als Metapher und Mythos als Wirklichkeit in der Frühgeschichte des Königreichs Hawaii.* Wagenbach, Berlin 1981.

Stanley, David: *Tahiti-Handbuch. Mit Osterinsel und Cook-Inseln.* Walther, Bremen 2000.

Uhlig, Ludwig: *Georg Forster. Lebensabenteuer eines gelehrten Weltbürgers.* Vandenhoeck & Ruprecht, Göttingen 2004.

### Durst ist kein Privileg der Wüste

Alexander, Caroline: *Die Bounty. Die wahre Geschichte der Meuterei auf der Bounty.* Übersetzt von Friedrich Griese. Berlin Verlag, Berlin 2004.

Heyerdahl, Thor: *Kon-Tiki. Ein Floß treibt über den Pazifik.* Ullstein, Berlin 1976 (1949).

Owen, Chase: *Der Untergang der Essex.* Hg. von Iola Haverstick und Betty Shepard. Die Hanse, Hamburg 2000.

Savigny, J. B. Henri und Corréard, Alexandre: *Naufrage de la Frégate la Méduse faisant partie de l'expedition du Sénégal en 1816.* Paris 1817.

Savigny, Jean-Baptiste und Corréard, Alexandre: *Der Schiffbruch der Fregatte Medusa.* Neuausgabe der anonymen deutschen Übersetzung von 1818. Mit einem Vorwort von Michel Tournier, einem Nachwort von Johannes Zeilinger und einem Bildessay von Jörg Trempler. Matthes und Seitz, Berlin 2005.

Stark, Peter: *Zwischen Leben und Tod. Extreme Erfahrungen, letzte Abenteuer.* Rowohlt, Reinbek bei Hamburg 2002.

### Titanic on the rocks

Ballard, Robert D. und Archbold, Rick: *Das Geheimnis der »Titanic«. 3800 Meter unter Wasser.* Ullstein, Berlin 1987.

Buchheim, Lothar-Günther: *Der Luxusliner. Ein Logbuch.* Knaus, Hamburg 1980.

Buchholz, Wolfhard: *Die nationalsozialistische Gemeinschaft »Kraft durch Freude«. Freizeitgestaltung und Arbeiterschaft im Dritten Reich.* Diss., München 1976.

Frommann, Bruno: *Reisen im Dienste politischer Zielsetzungen. Arbeiter-Reisen und »Kraft durch Freude«-Fahrten.* Diss., Stuttgart 1993.

Kludas, Arnold: *Die Geschichte der deutschen Passagierschiffahrt. Bd. IV. Vernichtung und Wiedergeburt. 1914–1930.* Kabel, Hamburg 1989.

Kludas, Arnold: »Entwicklung der Schiffstypen.« In: *Übersee. Seefahrt und Seemacht im deutschen Kaiserreich.* Hg. von Volker Plagemann. C. H. Beck, München 1988, S. 153–156.

Kuckuk, Peter: »Schiffstaufen, ein maritimes Ritual. Stapellauffeierlichkeiten bei Kriegsschiffen im Wilhelminischen Zeitalter.« In: *Deutsches Schiffahrtsarchiv 15,* 1992, S. 389–410.

Maxtone-Graham, John: *Der Weg über den Atlantik. Die einzige Verbindung zwischen Europa und Amerika. Die goldene Ära der Luxusliner.* Heyne, München 2000.

Rost, Alexander und Neumann, Peter: *Schiffsspeisekarten aus der Sammlung Peter Tamm. Essen und Trinken auf See.* Koehlers Verlagsgesellschaft, Hamburg 1997.

Schäfer, Christian: *Kreuzfahrten. Die touristische Eroberung der Ozeane.* Wirtschafts- und Sozialgeographisches Institut der Friedrich-Alexander-Universität, Erlangen/Nürnberg 1998.

Schön, Heinz: *Hitlers Traumschiffe. Die »Kraft durch Freude«-Flotte 1934–1939.* Arndt, Kiel 2000.

Trennheuser, Matthias: »Zu Innenarchitektur deutscher Passagierschiffe.« In: *Schiff und Zeit 60,* 2004, S. 2–13.

*Tristan und Isolde.* Codex 2537 der Österreichischen Nationalbibliothek. Mit Beiträgen von Michel Cazenave und Edmond Pognon. Akademische Druck- und Verlagsanstalt, Graz 1992.

Ulrich, Kurt: *Luxusliner. Vom Grand Hotel auf hoher See zur schwimmenden Insel.* Bucher, München 1997.

### Hochprozentige Passagiere

Unger, Richard W.: »The Trade in Beer to Medieval Scandinavia.« In: *Deutsches Schiffsarchiv 11,* 1988, S. 249–258.

### Nur wer trinkt, kann schreiben

Kolumbus, Christoph: *Schiffstagebuch.* Übersetzt von Roland Erb. Reclam, Leipzig 2001.

Verne, Jules: *Die Kinder des Kapitän Grant.* Deutsch von Walter Gerull. Neues Leben, Berlin 1953.

### Eine Kinderfrage und ein Rezept zum Schluß

Sergejew, Boris F.: *Müssen Fische trinken? Eine unterhaltsame Physiologie.* Übersetzt von Lothar Pickenhain. Urania, Leipzig 1973.

# Dank

Zuerst und am Ende meiner Frau allen Dank, denn mit ihr lebe und webe ich, so daß alles, was entsteht, von ihr tief tingiert ist!

Dann neige ich mich vor den vielen, die mir im Kleinen und im Großen Unter- und Auskunft gewährten, Aufmunterung und vielerlei Dienste, wofür ich in ihrer Schuld stehe!

Ulrich Boris Pöppl, mein Agent, der mehr ist als das
Barbara Dicker
Heike Duisberg
Hans-Hermann Karl Essig
Hellmut Essig alias Narwal
Dr. Carmen Götz
Dr. Stephan Gollasch
Prof. Dr. Timo Heimerdinger, Deutsches Institut der Universität Mainz
Antje Hellwich
Herr Karl, Universitätsbibliothek Bamberg
Carola Kascher, Wasserschutzpolizei Hamburg
Herr Kascher, Wasserschutzpolizei Hamburg
Rene Kluge, Public Relations Cunard Seabourn Ltd.
Marianne und Ralf Laude
Werner und Liesel Anna Lösekow
Herr Mildahn, Wasserschutzpolizei Hamburg
Jan Oltmanns, Seemannsdiakon »Duckdalben«, Hamburg
Arne Petrick, Pressestelle Zoll, Hamburg
Hans Poetzsch, Bacardi GmbH
Wolfgang Schadewaldt, Medizinhistorisches Institut, Düsseldorf
Dr. Peter Schmidt
Elke Schneider, Museum für Kommunikation, Hamburg
Klaus Sembach
Wolfgang Speh
PD Dr. Stefan Strohschneider, Institute for Theoretical Psychology, Bamberg
Teilbibliothek 5 der Universitätsbibliothek Bamberg
Gisela Weber, Seemannsheim Hamburg
Claus H. Wulff, Wasserschutzpolizei Hamburg

# Bildnachweis

Vorsatz: Ozeanienkarte um 1920 (Ausschnitt), Bibliograph. Inst., Leipzig
Umschlag: Howard Pyle, Kidd on the Deck of the »Adventure Galley«, 1902
Delaware Art Museum

# Register

**Personen**